UNIVERSIDAD AUTONOMA DE GUADALAJARA

INCORPORADA A LA UNIVERSIDAD NACIONAL AUTONOMA DE MEXICO

FACULTAD DE AGRICULTURA Y GANADERIA

DISTRUIBUCION DE PLASMIDOS AUTOTRANSFERIBLES EN CEPAS DE RHIZOBIUM Y SU PARTICIPACION EN LA TRANSFERENCIA DEL PLASMIDO SIMBIOTICO

TESIS PROFESIONAL

QUE PARA OBTENER EL TITULO DE
INGENIERO AGRICOLA
AREA AGROECOSISTEMAS
PRESENTA
FERNANDO CASTRO CHAVEZ
GUADALAJARA, JALISCO. 1991

UNIVERSIDAD AUTONOMA DE GUADALAJARA
SOLICITUD DE PRESENTACION DE EXAMEN RECEPCIONAL

No. de Credencial 777450

Presente: __CASTRO__ __CHAVEZ__ __FERNANDO__

Apellido Paterno   Materno   Nombre (s)

Alumno de la Escuela: __INGENIERIA AGRICOLA__

Solicita le sea fijada la fecha para el Examen Recepcional de __INGENIERO AGRICOLA__

Opción de Titulación __TESIS CON DISERTACIÓN__

Nombre del trabajo recepcional DISTRIBUCION DE PLASMIDOS AUTOTRANSFERIBLES EN CEPAS DE RHIZOBIUM Y SU PARTICIPACION EN LA TRANSFERENCIA DEL PLASMIDO SIMBIOTICO

FIRMA DEL SOLICITANTE

GUADALAJARA, JAL. a __24__ de __ENERO__ de 1992

SINODALES QUE SE PROPONEN:

NOMBRES:	CARGO:	FIRMAS:
M.C. PABLO JESUS MONTOYA GERARDO	PRESIDENTE	
DR. ALBERTO BETANCOURT VALLEJO	SECRETARIO	
M.C. JOSE ANTONIO ZEPEDA MORA	VOCAL	
M.A. JUAN CARLOS ROMO LOPEZ	SUPLENTE	
DR. CONSTANTINO ROGELIO POSADAS DEL RIO	SUPLENTE	

ING. IGNACIO NUÑEZ GONZALEZ
Vo.Bo. EL DIRECTOR DE LA CARRERA

27 DE MARZO 1992 A LAS 12:00 HRS.
FECHA Y HORA PROPUESTA

DIRECCION DE SERVICIOS ESCOLARES

UNIVERSIDAD AUTONOMA DE GUADALAJARA

CON RECONOCIMIENTO DE VALIDEZ OFICIAL DE ESTUDIOS DE LA SECRETARIA DE EDUCACION PUBLICA SEGUN ACUERDO NO. 158 DE FECHA 17 DE JULIO DE 1991.

FACULTAD DE AGRICULTURA Y GANADERIA

—Presidente Comisión Revisora de Tesis

—Director Esc. de Ing. Agric.

¿Condiciones óptimas de suelo para que funcione una inoculación de Leguminosas?

¿Como se reactivan las bacterias en el suelo por acción de otras bacterias Nitricas ó Nitricas?

UNIVERSIDAD AUTONOMA DE GUADALAJARA

INCORPORADA A LA UNIVERSIDAD NACIONAL AUTONOMA DE MEXICO

FACULTAD DE AGRICULTURA Y GANADERIA

DISTRIBUCION DE PLASMIDOS AUTOTRANSFERIBLES EN CEPAS
DE RHIZOBIUM Y SU PARTICIPACION EN LA TRANSFERENCIA
DEL PLASMIDO SIMBIOTICO

TESIS PROFESIONAL

QUE PARA OBTENER EL TITULO DE
INGENIERO AGRICOLA
AREA AGROECOSISTEMAS
P R E S E N T A
FERNANDO CASTRO CHAVEZ
GUADALAJARA, JALISCO. 1991

DISTRIBUCION DE PLASMIDOS AUTOTRANSFERIBLES EN CEPAS DE Rhizobium Y SU PARTICIPACION EN LA TRANSFERENCIA DEL PLASMIDO SIMBIOTICO.

UNIVERSIDAD AUTONOMA DE GUADALAJARA

FACULTAD DE AGRICULTURA Y GANADERIA

Los miembros del jurado recomendamos la presente
tesis realizada por:

FERNANDO CASTRO CHAVEZ.

Como requisito parcial para obtener el título de:

INGENIERO AGRICOLA

Orientación
AGROECOSISTEMAS

____

Asesor
Dra. Susana Brom Klanner.

____

Revisor
Dr. Alberto Betancourt
Vallejo.

____

Revisor
Dr. José H. Adán Gómez.

____

Vo Bo Jefe Departamento de Investigación
M. en C. Pablo Jesús Montoya Gerardo.

Este trabajo fue realizado en

el Centro de Investigación sobre

Fijación de Nitrógeno (C.I.F.N.),

dependencia de la UNAM

ubicada en Cuernavaca, Morelos,

durante el año de 1990

bajo la asesoría de

La Doctora Susana Brom Klanner.

DEDICATORIA

Dedicada a todos aquellos que aman al Dios eterno y a su palabra

y también a todos los que que manifiestan a Cristo en ellos

y a los que pueden dar el fruto del espíritu santo.

A G R A D E C I M I E N T O S

Primeramente se agradece al Dios y Padre de nues--
tro Señor y Salvador Jesucristo.

En segundo lugar se agradece a mi Padre Manuel Cas
tro Dávila, ya que gracias a su dedicación y entrega, pu
de tener una adecuada formación. De él aprendí la respon
sabilidad y la amabilidad con las personas con las que -
se trabaja.

A mi Madre María Cristina Chávez Arroyo por su fi-
delidad, ya que el verla me dió una sensibilidad hacia -
los demás y una resolución de hablar por la justicia.

Agradezco también a Patricia Castro Chávez, mi her
mana mayor, ya que de ella aprendí la importancia de ser
auténtico y firme en las decisiones, así como buscar - -
siempre el lugar donde pueda ser mi vida más útil y pro-
vechosa.

A mi hermana menor Aída Cristina Castro Chávez, --
agradezco el haber aprendido la ternura y la importancia
de esforzarme por ser una bendición para los demás con -
mi presencia. Así también viví con ella la confrontación
de vivir y aplicar día a día lo que se ha aprendido.

Agradezco a mi Tía Hermelinda Arroyo Acosta porque
de ella aprendí la entrega de amor a los demás y la sere
nidad ante las adversidades, así como una profunda comu-
nión con Dios mediante la oración.

Estas cinco perlas las llevaré en mi corazón por -
siempre y serán la evocación de la casa de mi juventud.

A Eva Lazcano agradezco porque tuvo el valor de --
mostrarme la maravillosa precisión y exactitud de la investigación Bíblica.

A José Jaimes Eutimio por su hospitalidad en Cuernavaca y por su ejemplo del andar constante en el servi-
cio a Dios.

A Susana Brom Klanner porque me capacitó en las --
técnicas de laboratorio para elaborar esta tesis y me --
asesoró pacientemente para llevarla a su fin.

A Raúl Cruz Mireles por todas las ocasiones en que
me ayudó a elaborar e imprimir esta tesis en el laborato
rio de física y matemáticas; y por sus clases de hebreo.

A los Profesores distinguidos:

PABLO JESUS MONTOYA, porque enseñó con dedica
ción, entre otras cosas las bases de la Genética, necesarias para llevar a cabo este trabajo.

ALBERTO BETANCOURT y ROGELIO POSADAS, porque
tuvieron la determinación de aventurarse a ex
perimentar en el campo mexicano con plásmidos
bacterianos modificados.

Y con ellos, a los estudiantes de Agricultura
de la U.A.G.

A :   EDNITA ARILLO, VICKY COLIN y LORENA LANDA, --
            por el apoyo y comprensión que me brindaron -
            en este año, ya que toda mujer puede ser ayu-
            da idónea para el hombre, si hay convergencia.

Por último: A esa mujer que será mi esposa, por su creen-
            cia para encontrarnos y por su amor para per-
            manecer en un mismo corazón.

RESUMEN

Las bacterias del género *Rhizobium* son capaces de interaccionar con las raíces de plantas leguminosas para formar estructuras especializadas llamadas nódulos donde se lleva a cabo la fijación biológica del Nitrógeno (54).

En *Rhizobium*, la información genética se encuentra distribuída entre el cromosoma y en plásmidos de alto peso molecular (que son el material genético extracromosomal), uno de ellos, denominado plásmido simbiótico (pSim) contiene la mayor parte de la información genética necesaria para establecer una simbiosis efectiva con diversas leguminosas y fijar el Nitrógeno atmosférico (N_2) produciendo amonio (NH_4^+) (31). La función de los otros plásmidos es poco conocida. Este trabajo contribuye al conocimiento de una bacteria muy útil en la agricultura, la cual a futuro podría explotarse comercialmente para beneficio del hombre (47).

En este trabajo se analizaron 19 cepas distintas de *Rhizobium*, y se encontró que en 12 de ellas existen de uno a dos plásmidos autotransferibles (pA) a otras cepas mediante el proceso de la conjugación (18, 62).

También se encontró, que los pA de 6 cepas incrementan entre 10 y 100 veces la frecuencia de transferencia de un mismo pSim.

Estos datos podrían estar relacionados con la dinámica de la distribución de pSim en la naturaleza, y podrán ser aprovechados para el mejoramiento genético de poblaciones de *Rhizobium* a través de transferir distintos plásmidos (como el pSim) más eficientes, y con ello, la producción agrícola de leguminosas se vería sumamente beneficiada. Al hacer más eficiente la fijación biológica del Nitrógeno en esta simbiosis, se podrá disminuir o incluso llegar a prescindir del uso de los fertilizantes nitrogenados industriales (38).

ABSTRACT

Bacteria of the genus *Rhizobium* interact with the roots of leguminous plants to induce the formation of specialized structures, called nodules, where Nitrogen fixation takes place (54).

In *Rhizobium* the genetic information is distributed among the chromosome and plasmids (extrachromosomal genetic material). One of them, denominated symbiotic plasmid (pSym) contains most of the genetic information required for the establishment of an effective symbiosis (31). The function of other plasmids is still unknown.

In this work, 19 different strains of *Rhizobium* were analized, 12 of them showed 1 or 2 plasmids that were self-transmisible during conjugation (18, 62).

Also, the self-transmisible plasmids of 6 strains increased the frecuency of transfer of the pSym of one *R. phaseoli* strain between 10 and 100 times.

This data could be related to the dynamics of distribution of different pSym in nature, and may be used for the genetic improvement of *Rhizobium* populations. This could be achieved by the transfer of different pSym that are more effective under distinct environmental conditions, consequently, beneffiting the legume production. Through the obtention of more efficient N_2 fixation systems, the use of industrial Nitrogen fertilizers will perhaps be greatly diminished or even discarded (38).

INDICE GENERAL

INDICE DE CUADROS

INDICE DE FIGURAS

FIGURA PAGINA

INTRODUCCION

Justificación

La conversión del Nitrógeno atmosférico en un compuesto utilizable por las plantas es un proceso esencial para la agricultura mundial. Con la fijación biológica del Nitrógeno por bacterias del género *Rhizobium*, dicha conversión se lleva a cabo en forma natural y por lo mismo, se vuelve básico conocer con claridad tal proceso y los genes involucrados en él (38).

En la naturaleza, una de las formas de convivencia entre los organismos es la relación simbiótica. La simbiosis es una relación en la cual dos o más individuos de especies distintas interaccionan resultando mutuamente beneficiados (47).

La simbiosis entre las bacterias del género *Rhizobium* y las plantas de la familia *Leguminoseae* es sumamente importante para la agricultura debido a que estas bacterias transforman (fijan) el Nitrógeno atmosférico en amonio NH_4^+ que sí pueden utilizar las plantas leguminosas, siendo entonces innecesario el uso de fertilizantes nitrogenados (47).

El Nitrógeno es un elemento esencial para la vida (base de proteínas y ácidos nucleicos), así mismo es el componente más abundante de la atmósfera terrestre, ya que constituye alrededor del 80 % de la misma. Sólo ciertos microorganismos procarióticos (sin membrana nuclear y por lo tanto, carentes de un núcleo definido) poseen la información genética que codifica para las proteínas responsables de llevar a cabo la fijación biológica del Nitrógeno atmosférico (N_2). Los organismos fijadores de Nitrógeno se pueden dividir en dos grandes grupos:

a) los que reducen al Nitrógeno en vida libre y lo utilizan para su propio desarrollo, como sucede con algunas especies de *Klebsiella* y *Azotobacter*, y b) los que fijan el Nitrógeno del aire en asociación con las plantas, como es el caso de las especies de *Rhizobium* y de *Bradyrhizobium* (ver Figura # 27 en apéndice (47)).

Una demanda mundial continuamente creciente de fertilizantes que supera la producción, así como la evidente reducción mundial de combustibles fósiles (carbón, metano y petróleo), que son utilizados en la elaboración de dichos fertilizantes. justifican la búsqueda de fuentes alternas de energía. Así también, se buscan fuentes alternas de fertilización para los cultivos, utilizando estrategias propias de la naturaleza, tal y como lo hacen las bacterias en la fijación biológica del Nitrógeno, con lo cual se busca suplir en algo esa intensa demanda de alimentos a nivel mundial. El estudio de los diversos aspectos de la relación planta-bacteria a un nivel básico, uno de los cuales se analiza en este trabajo, es un camino que pretende en un futuro llegar a contribuír en la solución de éste problema.

ANTECEDENTES

La fijación del Nitrógeno

En la mayor parte de las regiones agrícolas del planeta en las cuales no son limitantes ni el agua ni la luz solar, la productividad biológica está determinada por la disponibilidad de Nitrógeno inorgánico en el suelo (velocidad del ciclo del Nitrógeno (fig. 1)) (47).

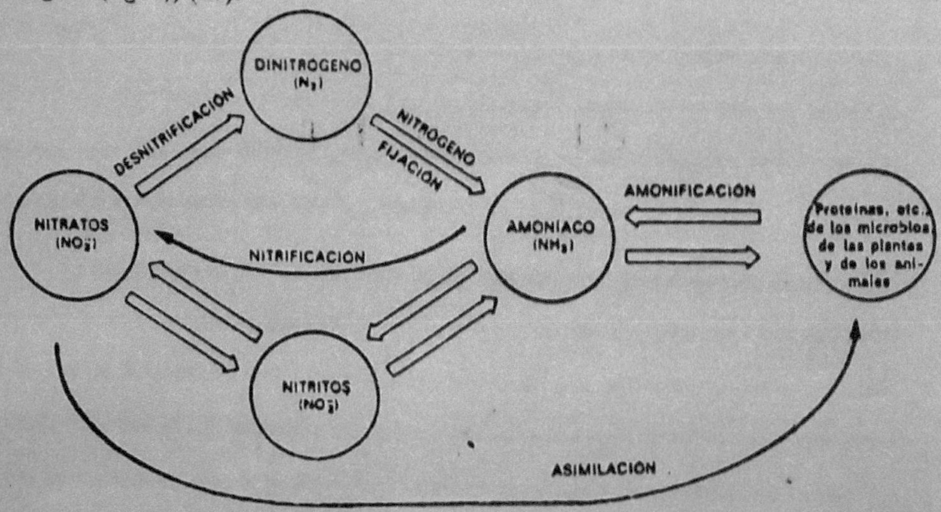

Figura 1. El ciclo biológico del nitrógeno.

El elemento Nitrógeno es un componente esencial de los seres vivos, ya que forma parte de sus proteínas y ácidos nucléicos. Se calcula que en suma, plantas y animales contienen alrededor de 1.5×10^{10} toneladas de Nitrógeno, de las cuales cada año son transformadas unas 10^9 toneladas (la 15ava parte) por el ciclo del Nitrógeno. Y de estas 10^9, aproximadamente 2×10^8 son proporcionadas por la fijación del Nitrógeno atmosférico y el resto por la nitrificación del suelo (47).

La capacidad biológica para fijar el Nitrógeno se encuentra limitada a algunas bacterias, el primer producto obtenido de la fijación es el amonio (NH_4^+), el cual se asimila casi siempre tan rápido como se forma. Por lo tanto, desde un punto de vista agrícola, los fijadores biológicos del Nitrógeno más importantes son aquellos que lo fijan en asociación con la planta, porque el Nitrógeno fijado de tal forma es suministrado precisamente donde se le necesita, esto es: en las raíces de las plantas (29).

El abono nitrogenado que se fabrica actualmente, en su mayor parte procede a partir del dinitrógeno atmosférico y se produce por medio de un proceso químico, denominado "Haber-Bosch", que esencialmente consiste en una reducción catalítica del dinitrógeno del aire a amoníaco: $N_2 + 3H_2 = 2NH_3$ (47).

El hidrógeno es producido a partir del gas natural, y la reacción requiere elevadas presiones y una temperatura moderadamente elevada para que sea eficiente. Además de la considerable energía necesaria para este proceso, se precisa de una instalación industrial bastante compleja, por lo que la producción tiene que estar localizada lejos de donde se le utiliza; también se requiere de un consumo de energía adicional para transportar el amoníaco desde la fábrica hasta donde se le necesita (47).

El proceso simbiótico

El proceso simbiótico se inicia con: a) la excreción de diversos compuestos exhudados por las raíces de las leguminosas que atraen a bacterias del género *Rhizobium* y continúa con b) la adherencia de las bacterias a los vellos radiculares, lo que induce el enroscamiento de los mismos, así como la formación del hilo de infección. Este hilo es una estructura tubular de origen vegetal por el que c) llegan las bacterias hasta las células corticales, cuya proliferación también ha sido inducida previamente por las bacterias invasoras. El hilo de infección se ramifica hacia las diversas células corticales y las bacterias son vertidas al citoplasma y rodeadas por una membrana de origen vegetal llamada: "membrana peribacteroidal", d) finalmente las bacterias se diferencían en bacteroides, los cuales son los que fijan el nitrógeno atmosférico (N_2) transformándolo en amonio (NH_4^+) a través de la enzima nitrogenasa e interactúan metabólicamente con la planta (28, 44, 52).

El nódulo es la estructura especializada en la que se encuentran las células vegetales infectadas con los bacteroides. El nódulo es entonces el resultado de un proceso de diferenciación coordinado tanto por la bacteria como por la planta (fig.. 2) (52).

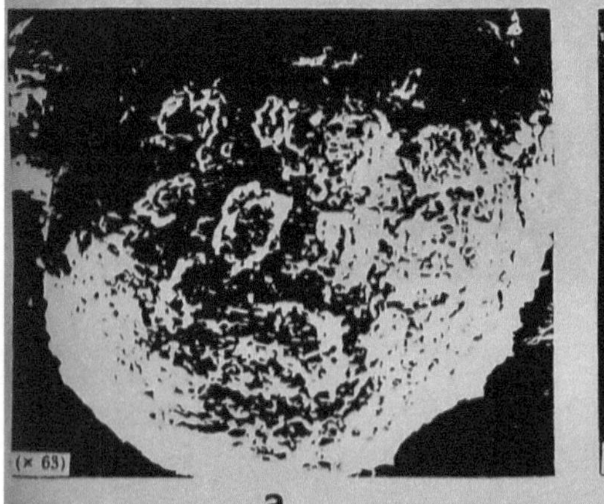

a

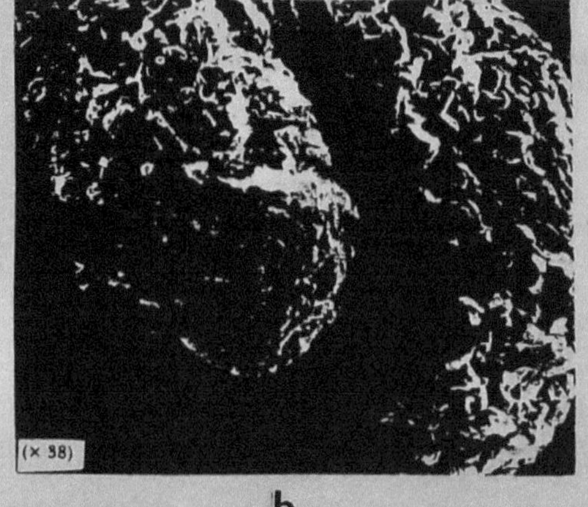

b

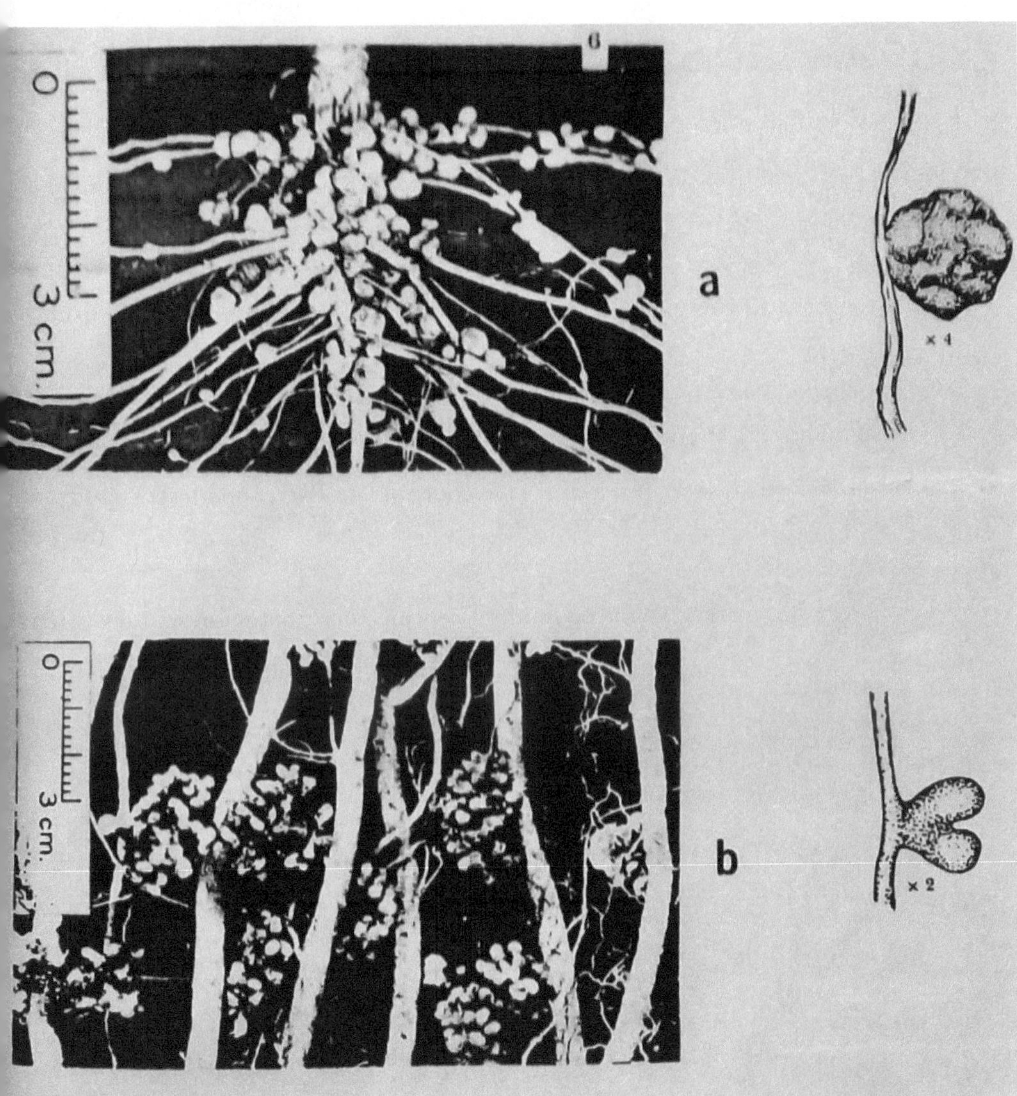

Fig. 2. Sistema radicular nodulado de: a) *Glycine max* (nódulos de crecimiento determinado- globosos) y b) *Medicago* sp. (nódulos de crecimiento indeterminado- bifurcados),

Generalidades sobre *Rhizobium*

Las bacterias del género *Rhizobium* miden aproximadamente de 1.5 a 3 micras de largo y 0.5 a 0.9 micras de ancho. Tales bacterias son quimio organótrofas, ya que logran la transformación química de los compuestos orgánicos. Son aeróbicas facultativas (29).

La temperatura óptima de crecimiento del *Rhizobium* es de 25 a 30 grados centígrados (29).

En el nódulo, la bacteria se diferencía en bacteroide y al hacerlo, su tamaño se incrementa hasta en 40 veces (esto en el caso conocido de *Rhizobium leguminosarum bv. phaseoli*) (52).

Algunas variedades de *Rhizobium* pueden producir metabolitos tales como: a) rhizobiotoxinas (encontradas en *Bradyrhizobium*), b) fitohormonas y c) bacteriocinas (proteínas antibióticas activas contra distintas células cercanas) (3, 23, 29, 44).

Por otra parte *Rhizobium* tiene enzimas tales como: pectinasas, celulasas y hemicelulasas. En el nódulo se sintetizan enzimas específicas de esta estructura denominadas **nodulinas**, tales como la **Nitrogenasa** (transformadora del Nitrógeno atmosférico en amonio) y el grupo proteínico **hemo** de la leghemoglobina (la cual retiene el oxígeno y lo dosifica para evitar que la **Nitrogenasa** sea inactivada por él). De tales nodulinas se conocen actualmente más de 20 (29).

Rhizobium puede producir dos tipos de nódulos:

a) **Los redondos**: de crecimiento determinado, que son característicos del frijol y la soya y no son perennes, ya que mueren cuando el cultivo está aproximadamente al 50% de su floración (fig. 2).

b) **Los alargados**: de crecimiento indeterminado o perennes, que se observan en alfalfa y chícharo (a estos nódulos se les ha llamado vulgarmente: "manitas") y siguen activos y en crecimiento aún en la floración, por un tiempo ilimitado (29) (fig. 2).

Clasificación de *Rhizobium*

La familia *Rhizobiaceae* está clasificada dentro de la división alfa de las bacterias purpúreas, son gram negativas (toman el color rojo de la zafranina en la prueba del colorante de contraste), lo cual sucede debido a que tienen en su capa exterior abundantes lípidos, los que son responsables de su acidificación (29). En esta familia se incluye a diversas bacterias capaces de interaccionar con las plantas: a) en simbiosis (como *Rhizobium* y *Bradyrhizobium*), b) produciendo tumores (como *Agrobacterium*) o c) produciendo hipertrofias (como *Phillobacterium*) (29).

Originalmente las bacterias del género *Rhizobium* se clasificaron en base a los huéspedes que podían infectar. Esta clasificación ya se ha descartado debido a que no toma en cuenta el hecho de que la información simbiótica en muchos casos se encuentra codificada en plásmidos capaces de ser movilizados; por lo que las bacterias cambiarían de clasificación dependiendo del pSim que contuvieran (22, 56).

Su taxonomía actual está basada en la identificación de secuencias similares en sus respectivos cromosomas y específicamente: en la secuenciación de algunos segmentos de sus genes ribosomales, en sus patrones de proteínas, por pruebas serológicas y por su **capacidad de intercambios genéticos** (22, 29, 42, 64). Así por ejemplo, si antes *Rhizobium phaseoli*, *R. trifolii* y *R. viceae* pertenecían a especies distintas, ahora pertenecen a la misma especie llamada: *Rhizobium leguminosarum*, debido a que pueden intercambiar sus plásmidos simbióticos, habiendo diferencia sólo en su "biovar", el cual se definiría como ese comportamiento simbiótico específico de un grupo en particular (29, 42).

En la clasificación actual, esta familia está constituída por 4 distintos géneros (29) :

1 - *Rhizobium* - generalmente nodula leguminosas de zonas templadas, es de rápido crecimiento y sólo fija Nitrógeno en simbiosis.

2 - *Bradyrhizobium* - generalmente nodula leguminosas de zonas tropicales y es de crecimiento lento. Puede fijar Nitrógeno en asociación con la planta o en vida libre.

3 - *Agrobacterium* - produce tumores en raíces de dicotiledóneas.

4 - *Phyllobacterium* - produce hipertrofias en hojas de ciertas plantas (como las *Rosáceas*).

Recientemente se han propuesto nuevos géneros para esta familia, como lo son: *Azorhizobium*, que incluiría cepas de las llamadas anteriormente *Rhizobium spp.* o "grupo misceláneo del cowpea", que nodula tallos de *Aeschinomene* y otros. También se ha propuesto incluír el género *Photorhizobium*, el cual fotosintetiza y a la vez nodula tallos de leguminosas tales como *Aeschinomene* y *Sesbania* (15). También se ha propuesto el género *Synorhizobium* como algo diferente a *R. japónicum* o a *R. fredii* (11).

En la actualidad se tienen las siguientes especies dentro de la familia *Rhizobiáceae* (29, 37, 42):

1) - *Rhizobium*, que se ha dividido en tres grupos :

Grupo 1 :

a) *Rhizobium melilotis* - nodula plantas del género *Medicago*, y entre estas: la alfalfa.

b) *Rhizobium leguminosarum* - con tres biovares:

biovar *trifolii* - nodula trébol,

biovar *phaseoli* - nodula frijol,

biovar *viceae* - nodula haba y chícharo.

Grupo 2 :

a) *Rhizobium loti* - nodula plantas de los siguientes géneros:

Sesbania, Leucaena, Lab-lab, Lotus y *Cicer.*

Grupo 3 :

a) *Rhizobium galegae* - nodula plantas de los siguientes géneros:

Vigna, Arachis, Desmodium y *Galega*

2) - *Bradyrhizobium* :

a) *Bradyrhizobium japonicum* nodula *Glycine maz* (soya).

3) - *Agrobacterium* :

a) *Agrobacterium tumefaciens* - dicotiledóneas diversas,

b) *Agrobacterium rhizogenes* - dicotiledóneas diversas,

c) *Agrobacterium radiobacter* - dicotiledóneas diversas.

4) - *Philobacterium* :

Las cepas de *Rhizobium leguminosarum bv. phaseoli* se han dividido a su vez en dos grupos (40, 41):

a) *R. leguminosarum bv. phaseoli* - tipo I :

Estas poseen **varias copias de los genes que codifican para la enzima Nitrogenasa (dos o tres reiteraciones) y un rango estrecho de nodulación (sólo nodula al frijol).** Además poseen el gene simbiótico (psi), que codifica para una enzima que inhibe la síntesis de exopolisacáridos (EPS) una vez que la bacteria se encuentra dentro de la célula vegetal; producen melanina (mel), comparten un conjunto de secuencias de bases similares distribuídas en diversos plásmidos no simbióticos y no resisten a los suelos ácidos ni a elevadas concentraciones de aluminio en los mismos. La mayor parte de las cepas aisladas en México son de este tipo (41).

b) *R, leguminosarum bv. phaseoli* - tipo II :

Estas **tienen una sola copia de los genes que codifican para la enzima Nitrogenasa y tienen un rango amplio de nodulación, que incluye al frijol y a la** *Leucaena.* No contienen al gene simbiótico psi (psi^-), no producen melanina(mel^-) y poseen homología con un gene de *Agrobacterium tumefaciens* involucrado en la síntesis de auxinas. Resisten a los suelos ácidos y también a elevadas concentraciones de aluminio. Las cepas de este tipo se han aislado en Sudamérica (41).

Investigaciones más recientes han subdividido a este segundo tipo en dos especies distintas (Martínez et al., sometido a publicación).

Localización de genes involucrados en la simbiosis en *Rhizobium*

Los genes de nodulación presentes en todas las cepas de *Rhizobium* se han llamado genes **nod** comunes y son los **nod ABCD** (fig. 3). Estos cuatro genes son los que se expresan al inicio de la interacción entre la planta y la bacteria y son interespecíficos, ya que pueden ser intercambiados entre las distintas especies de *Rhizobium* (28, 33, 42, 44).

Estos genes **nod** comunes no se expresan cuando la bacteria se encuentra en vida libre, **su expresión es inducida** por los exudados de la planta (flavonas), y tiene como consecuencia la inducción del enroscamiento en los pelos radiculares así como la formación del hilo de infección y la proliferación de las células corticales, iniciando el proceso de formación del nódulo (fig. 2) (28, 44, 54).

La **Enzima Nitrogenasa** es la que reduce el N_2 atmosférico para sintetizar NH_4^+, y está codificada por los genes denominados: **nif HDK** (fig.3), los cuales se encuentran organizados en un operón, el cual es un conjunto de genes cuya transcripción se regula coordinadamente (48). La excepción a este tipo de organización es el género *Bradyrhizobium*, en el que los genes **nif DK** se encuentran separados del gene **nif H** (30, 57).

La Enzima Nitrogenasa se inactiva irreversiblemente por la presencia del Oxígeno. La elaboración conjunta por la planta y por el bacteroide de una proteína que protege a la Nitrogenasa y que se llama: "leghemoglobina", evita que el Oxígeno la neutralice a la vez que dosifica su entrada al bacteroide. Esta elaboración conjunta es posible gracias a la comunicación bioquímica que se establece entre la planta y el bacteroide (28,54).

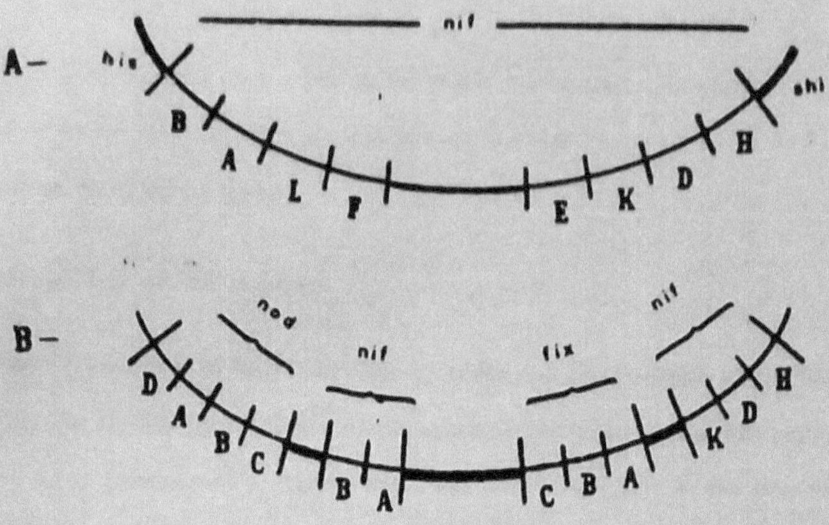

Fig. 3. Mapas simplificados de los genes para la fijación del Nitrógeno

en: A) *Klebsiella pneumoniae* (47) y en B) *Rhizobium legu-*

minosarum cepa PRE (55). Las mayúsculas representan genes

individuales dentro de los grupos genéticos: NIF: H - codifica

para la ferroproteína de la nitrogenasa reductasa (componente

II). D y K - Codifican para la molibdoproteína de la nitro-

genasa, α & β subunidades (componente I). E, A y L - Son

loci reguladores. Participan en la síntesis del cofactor ferro-

molibdeno. B - Codifica parte del cofactor ferro-molibdeno.

NOD: D - Da inicio a la expresión de los genes para la nodu-

lación al ser activado por inductores de la planta. A y B -

Quizá producen una substancia de bajo peso molecular que in-

duce la división celular y engrosamiento radicular. C - En aso-

ciación con la membrana puede ser un receptor. FIX: C - Con-

tiene una secuencia simple para la inserción en la membrana.

A y B - Codifican para la síntesis del cofactor ferro-molibdeno.

Quizá involucrados con la maduración de la nitrogenasa y con

el transporte de electrones hacia ella (42).

En total existen alrededor de 50 genes bacterianos descritos que participan en el proceso de nodulación y de fijación de Nitrógeno, la mayoría de los cuales se encuentran en el **pSim** (42).

Los plásmidos en *Rhizobium*

Los plásmidos se han considerado como los **elementos que propician la adaptación de las bacterias** a diversos medios adversos y, debido a que permiten el flujo de la infomación genética entre las bacterias (22), se ha sugerido que los plásmidos forman una "poza génica" (un **manantial genético**) a la que diversos grupos bacterianos tienen acceso por medio de la conjugación. Estos grupos formarían lo que se llamaría una "genoespecie" y sólo bajo ciertas circunstancias se vuelven determinantes para la sobrevivencia (35, 36).

En los genomas bacterianos, diversos genotipos cromosómicos son capaces de compartir plásmidos similares o secuencias de ellos. Esto indica que algunos plásmidos se distribuyen independientemente del genotipo cromosomal al cual pertenece la cepa (10, 50).

También se sabe que los plásmidos son heredados con un alto grado de estabilidad. Levin (35) propuso que la tasa de pérdida de plásmidos o de secuencias en ellos se encuentra en equilibrio con la tasa de transferencia, pero aún está por revisarse cómo es que se mantienen los plásmidos en una población, aún en ausencia de selección.

Para asegurar que los plásmidos sean heredados en forma estable dentro de una cepa (su adecuada segregación), podría influir: a) el número de copias de cada uno de ellos, b) la presencia de **locus** específicos,como lo es el sistema "killer" **HOK/SOK** del plásmido R-1 que sólo permite la supervivencia de las bacterias que lo posean, pues este mismo les permite sobrevivir a su propio bactericida, y quizás tenga que ver en esto también: c) la recombinación sitioespecífica de los plásmidos y d) la autotransferencia de los mismos (17).

Todas las cepas de *Rhizobium* aisladas de nódulos poseen información genética ubicada en plásmidos, los cuales pueden constituir hasta **un tercio de su información genética total** (14). Cada cepa contiene un conjunto característico de ellos diferente al de otras por su número y tamaño, aunque pueden compartir algunas secuencias similares (18).

Tanto *Rhizobium* como otras bacterias que interaccionan con las plantas (como las fitopatógenas) poseen plásmidos cuyos tamaños varían desde aproximadamente 100 hasta 1,500 kilobases (9, 14, 48), a diferencia de las bacterias intestinales (**enterobacterias**) que poseen plásmidos de menor tamaño, que varían desde 7.5 hasta 45 kilobases aproximadamente (45, 61).

Como ya se mencionó, la mayor parte de la información genética necesaria para establecer una relación simbiótica entre *Rhizobium* y las plantas leguminosas se encuentra en el llamado "plásmido simbiótico" (**pSim**) (40).

Otros plásmidos pueden intervenir también en la determinación de las poblaciones bacterianas más competitivas en la nodulación y más eficaces en la fijación del Nitrógeno, siendo seleccionadas preferencialmente por las leguminosas (65).

Transferencia de plásmidos

La conjugación (fig. 4) es una de las tres formas conocidas de transferencia de la información genética entre las bacterias. En la conjugación se requiere del contacto directo entre dos bacterias, una de las cuales actúa como donadora y la otra como receptora. El DNA que se intercambia está mediado por el determinante hereditario extracromosomal llamado **plásmido** que, como ya se ha visto, es una molécula circular pequeña que lleva los genes para su propia replicación y en muchos casos, también los genes que le confieren propiedades de resistencia a antibióticos, producción de toxinas, fijación simbiótica de Nitrógeno, etc. El plásmido puede autotransferirse o cotransferirse con: a) otro plásmido, b) con el cromosoma o c) con fragmentos de otro plásmido o cromosoma. A la receptora bacteriana que adquiere ese plásmido adicional obtenido por transferencia se le llama: **"transconjugante"** (62).

La información genética contenida en los plásmidos puede perderse sin afectar la sobrevivencia de las bacterias, o puede ser transferida entre algunas de ellas (25, 26, 27, 58).

En el caso de las enterobacterias (como *E. coli*), la dispersión de los genes que les confieren resistencia a antibióticos ha sido explicada como debida a la **transferencia horizontal** de plásmidos (21, 45, 61).

Evaluando la transferencia genética entre las poblaciones Valdés (60) observó que de entre un 20 a un 30 % de los tipos bacterianos caracterizados, han estado involucrados en la transferencia horizontal de genes y dicha transferencia se lleva a cabo gracias a que está presente la secuencia genética **tra** (fig. 5) dentro del plásmido de interés (18).

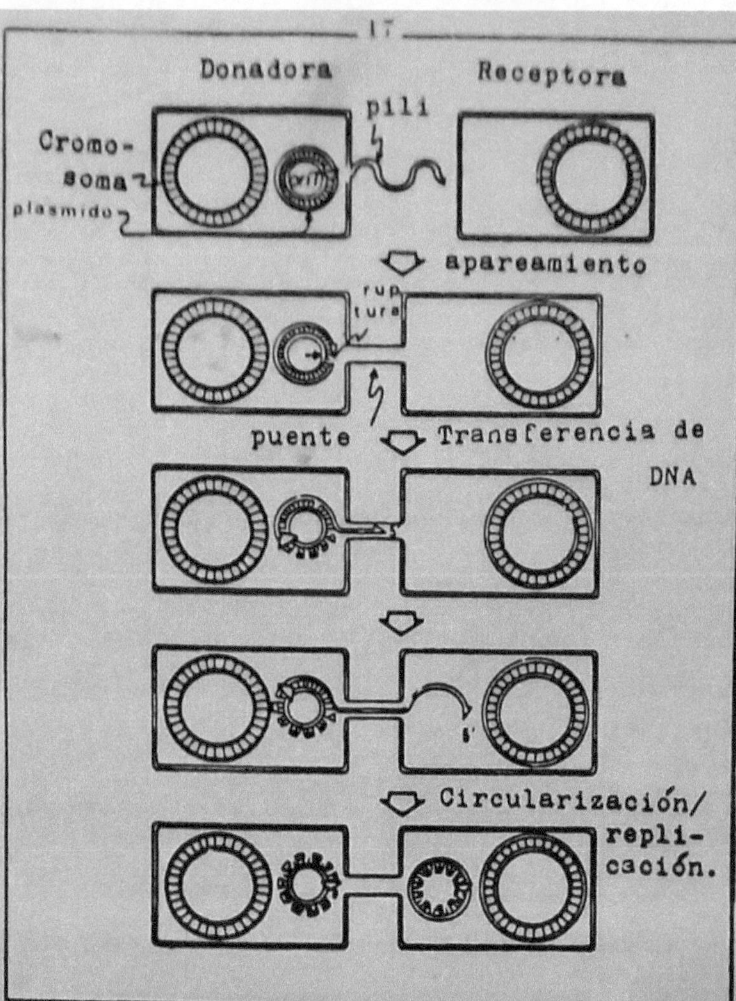

Fig. 4. Posibles pasos en la transferencia de un plásmido por medio de la conjugación: a) El proceso se inicia con el contacto entre dos bacterias, b) la célula donadora elabora un "pili" gracias a la secuencia TRA (fig. 5) del plásmido autotransferible, c) una endonucleasa producida por la secuencia MOB provoca una escición en el sitio de transferencia (ori T) de una de las cadenas, dejando libre al extremo 5', el cual invade a la receptora , d) la replicación de la cadena complementaria sucede en ambas células (3' - 5') y se muestra por las líneas entrecortadas, ambas se circularizan. Este tipo de replicación en la transferencia se llama: " replicación en círculo" (18).

También se tienen evidencias de la transferencia horizontal de plásmidos en poblaciones naturales de *Rhizobium*, ya que se han encontrado plásmidos similares en distintos tipos cromosómicos y también plásmidos diferentes en tipos cromosomales iguales (en el caso del pSim) (9, 13, 56, 65).

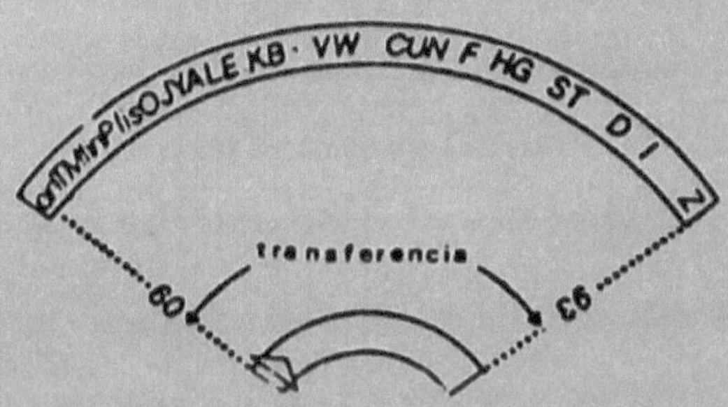

Fig. 5. Organización genética del operón TRA. La región TRA responsable de la transmisión del plásmido consta de al menos 27 diferentes genes, la mayoría de los cuales están relacionados con la producción del "pili". La punta de flecha representa la dirección de la transferencia a partir del ORI T (18).

En algunas cepas de *R. leguminosarum* y de *R. meliloti*, se han descrito plásmidos simbióticos autotransferibles (de altas frecuencias de transferencia: 10^{-1} y 10^{-2} hacia la receptora) (1, 2, 3, 4, 5). Pero en cepas de *R. fredii* no se han encontrado tales pSim autotransferibles hasta la fecha (31).

A continuación se señalarán algunos ejemplos de plásmidos autotransferibles:

a) Aislados del campo de *Rhizobium leguminosarum bv. viceae* de la cepa 248, son capaces de transferirle a otra cepa del mismo biovar carente ("curada") de algunos de sus plásmidos, un plásmido: el **pRL1J1** (cuyo peso molecular es de 130×10^6) (2, 3, 31).

b) En la cepa 309 otro plásmido : el **pRL4J1** ha sido autotransferido a otra cepa del mismo tipo.

En ambos casos las transconjugantes adquirían la habilidad de producir bacteriocina de peso molecular medio (**Med**), perdiendo la capacidad de producción de bacteriocina de peso molecular mínimo (**Rsp**) que sintetizaban en ausencia de los plásmidos. El **pRL1J1** confiere también capacidad de nodulación y en ambos casos se transfirieron a una alta frecuencia al receptor (habiendo obtenido una bacteria con tal capacidad de cada 10 ó de cada 100 de las evaluadas) (3, 23).

Estos datos sugieren que la movilización de las funciones de nodulación en algunos casos, ocurre por la formación de un plásmido cointegrado que se compone del plásmido "pro-bacteriocina" autotransferible y del que posee los genes de la nodulación: el **pSim** (3, 31).

c) También se ha demostrado la autotransferencia de 2 de los 6 plásmidos de la cepa 300 de *R. leuminosarum bv. viceae*, los que son: el **pRL7J1** y el **pRL8J1**, aunque a una baja frecuencia (10^{-8}), en este caso se utilizó como marcador al **Tn5** que les confiere a las receptoras resistencia a dos antibióticos (km y Nm) (27).

Los dos pequeños plásmidos de la cepa 300 de *R. leguminosarum bv. viceae* (**pRL7J1** y **pRL8J1**) son capaces, como ya se señaló, de transferirse a baja frecuencia (10^{-8}), pero al agregarle a esta cepa el plásmido **pRL1J1** de la cepa 248: se incrementa la frecuencia de transferencia de estos dos en un factor de 10^2 y 10^5, en cada caso, siendo su frecuencia en esta nueva situación de: 10^{-6} y de 10^{-3} respectivamente. Aquí cabe señalar que no son derivados entre sí ninguno de estos plásmidos (27, 31).

d) En *R. leguminosarum bv. trifolii*, el plásmido **pRtr5a** de la cepa llamada LPR5001, ha sido autotransferido a freuencias de 10^{-4} o de 10^{-6} hacia otra cepa del mismo bv. carente de plásmidos, el **pRtr5a** restaura su capacidad de nodular y de fijar nitrógeno, así también es posible su expresión en la especie *Agrobacterium*,aunque con un mínimo de eficiencia. Concluyéndose, por tanto, que en este caso, se trata de un **pSim** autotransferible (24, 66).

También se han utilizado uno o hasta dos **pA** para movilizar plásmidos de otras cepas de *R. leguminosarum* en cruzas intra e interespecíficas con bastante éxito (4).

Como se ha visto en estos ejemplos, existen claras evidencias de la capacidad autotransferible de ciertos plásmidos. También se ha demostrado que existe compatibilidad o incompatibilidad entre plásmidos de diversas cepas (5). Un ejemplo de esto es que el **pSim** de *R. leguminosarum bv. phaseoli* fué incompatible con el plásmido pIJI001 del biovar *viceae* (2, 31).

e) Uno de los más recientes reportes acerca de plásmidos autotransferibles, indica que en la cepa GR4 de *Rhizobium meliloti* existen dos plásmidos adicionales al pSim, uno de ellos llamado **pRmeGR4b** (de aproximadamente 210 Kb ó 140 Megadaltons) posee genes relacionados con la habilidad competitiva de nodulación y también, genes relacionados con la producción de melanina. Y el otro plásmido, el de menor peso molecular de los tres: el **pRmeGR4a** (de aproximadamente 175 kb ó 115 Md) posee los genes necesaros para autotransferirse, y es capaz también de cotransferirse junto con el **pRmeGR4b** a una frecuencia menor que la encontrada si se autotransfiriera solo (43).

En el mismo trabajo, se señala que se construyó un nuevo plásmido conteniendo DNA de este **pRmeGR4a**. Se seleccionó el DNA necesario para su replicación en *Rhizobium*, el cual ha sido usado como un vector muy estable para transferir diferentes genes dentro de cepas y de especies, tanto de *Rhizobium* como de *Bradyrhizobium* (43).

Hay reportes que muestran evidencias de que la transferencia de diversos plásmidos, incluído el **pSim** entre cepas de *Rhizobium*, puede estar ocurriendo en los campos de cultivo de leguminosas (56, 65).

En los campos de cultivo del este de Washington, en la región Palouse, se han observado variaciones en la población bacteriana de *Rhizobium leguminosarum bv. viceae*; estas variaciones se reflejan en: a) serotipos, b) perfiles de plásmidos y c) resistencia a antibióticos (6).

Se han encontrado plásmidos autotransferibles (pA) diferentes al **pSim** en tres cepas de *Rhizobium* previamente estudiadas: dos de *Rhizobium leguminosarum bv. phaseoli del tipo II*: **CFN-299** y **CIAT-899** y una del mismo bv., pero del *tipo I*: **CE-3**, y su frecuencia de transferencia es de: 10^{-2} (uno de cada cien) y de 10^{-3} (uno de cada mil). En estos casos la capacidad de transferencia de los plásmidos se determinó a través de analizar qué plásmidos, marcados genéticamente con un **Tn5** que les confiere resistencia a dos antibióticos (Kanamicina y Neomicina) podían ser donados a la cepa **GMI-9023**, receptora de la especie *Agrobacterium tumefaciens* formando transconjugantes (7, 8).

El **Tn5** es un **transposón**, el cual puede insertarse en cualquier parte del genoma de *Rhizobium* debido a que tiene secuencias invertidas repetidas en sus extremos, las cuales se llaman: **"secuencias de inserción"** (IS-50). En este trabajo el **Tn5** se usó como marcador genético de los plásmidos autotransferibles, ya que a las bacterias que lo reciben, adquieren resistencia a los antibióticos mencionados: Km^R y Nm^R (7, 8).

En estas cepas se ha calculado que el **pA** tiene alrededor de 200 Kb. (7, 19). Se tienen antecedentes en estas cepas de que los **pA** son **"facilitadores"** en la transferencia de sus respectivos **pSim** (Brom, comunicación personal), pero no se sabe con exactitud a que frecuencia ni cual es el incremento.

Se han descrito cepas de *Rhizobium* que carecen de pSim, aisladas del suelo (58). Para definir que estas bacterias del suelo también pertenecen al género *Rhizobium*, se analizaron características fenotípicas que incluyen la capacidad de nodulación efectiva al recibir el pSim de otra cepa, y genotípicas como patrones de DNA y de proteínas (Segovia, en prensa). Dos cepas de este tipo serán usadas en este trabajo, y se verá como influyen sus plásmidos en la transferencia de pSim de otras cepas.

Como se ha mostrado, es evidente que existe un intercambio de información genética entre diversas cepas de *Rhizobium* mediada por plásmidos autotransferibles. Saber su distribución en diferentes cepas de *Rhizobium* y su participación en la transferencia de la información simbiótica es lo que pretende este trabajo, ya que teniendo estos datos se puede pensar en un mejoramiento genético de tales bacterias al transferirles información que permita hacer más eficiente la fijación del Nitrógeno en diferentes condiciones ambientales.

CAPITULO II
OBJETIVOS, HIPOTESIS Y ESTRATEGIA

Objetivos

Objetivos Generales: a) Determinar la distribución de plásmidos auto-transferibles (**pA**) en la población de *Rhizobium*, b) estimar la participación de estos plásmidos en la transferencia de la información simbiótica entre las cepas bacterianas.

Objetivos Específicos: a) Determinar la frecuencia de transferencia de tales **pA** entre las distintas cepas, b) determinar su participación en la transferencia del **pSim** de su misma cepa, c) y del **pSim** de una cepa distinta a ellos.

Hipótesis

Hipótesis aceptadas: a) Ha (1): existen **pA** en todas las cepas de *Rhizobium*, b) Ha (2): un **pA** es favorecedor en la transferencia del **pSim** de su propia cepa bacteriana, c) Ha (3): los distintos **pA** comparten la capacidad de favorecer la transferencia de un **pSim** de una cepa diferente a ellos.

Hipótesis rechazadas: a) Ho (1): no existen **pA** en cepas de *Rhizobium*, b) Ho (2): el **pA** no es favorecedor en la transferencia del **pSim** de su misma cepa, c) Ho (3): los diversos **pA** no favorecen la transferencia del **pSim** de cepas diferentes a ellos.

Estrategia

La estrategia usada será básicamente la de la elaboración de cruzas entre cepas de *Rhizobium* y una cepa de la especie *Agrobacterium tumefaciens* GMI-9023 (52) para determinar la frecuencia de transferencia de plásmidos marcados genéticamente con secuencias que confieren resistencias a antibióticos. Los marcadores genéticos permiten seleccionar a la población de transconjugantes deseada (ver figuras 6 y 7). Se harán:

1) **Cruzas** entre *Rhizobium* y *E. coli* **pSup-2021** (portador del **Tn5**) para marcar las diferentes cepas con el **Tn5**, seleccionando para transconjugantes de las diversas cepas de *Rhizobium* que pueden llevar dicho **Tn5** en el cromosoma o en cualquier plásmido.

2) **Cruzas** para lograr la transferencia de plásmidos de *Rhizobium* hacia *Agrobacterium* para identificar cuales son las que llevan el **Tn5** en el **pA**, ya que aquellas que lo llevan en el cromosoma o en un plásmido no autotransferible no podrán transferir el marcador genético.

3) **Cruzas** de *Rhizobium* (pA::Tn5) con *Agrobacterium* **GMI-9023** para determinar sus frecuencias de transferencia.

4) **Cruzas** de *Rhizobium* (pA::Tn5) con la cepa CFN- 2001/ pD:: Tnsac (también de *Rhizobium*). Esta cepa carece de **pA** y tiene un marcador genético en el **pSim**. Y estas cruzas servirán para construir derivadas de dicha cepa poseedoras de los distintos **pA** y para determinar sus frecuencias de transferencia a una cepa de *Rhizobium*.

5) **Cruzas** de la cepa CFN-2001/pD::Tnsac con la GMI-9023 para determinar la frecuencia de transferencia del plásmido simbiótico (**pSim**) en la presencia y ausencia de los diversos **pA**.

Rhizobium Nal^R
X
E. colí S-17/pSup-2021
(Tn5= Nm^R, Km^R)
b
a
CROMOSOMA::Tn5
pB::Tn5
Agrobacterium
GMI-9023 (Rif^R)
pA::Tn5
X
-Tn5
-Cromosoma
-Plásmido
Transconjugante Agrobacterium
(Rif^R, Nm^R, Km^R)
pA
a

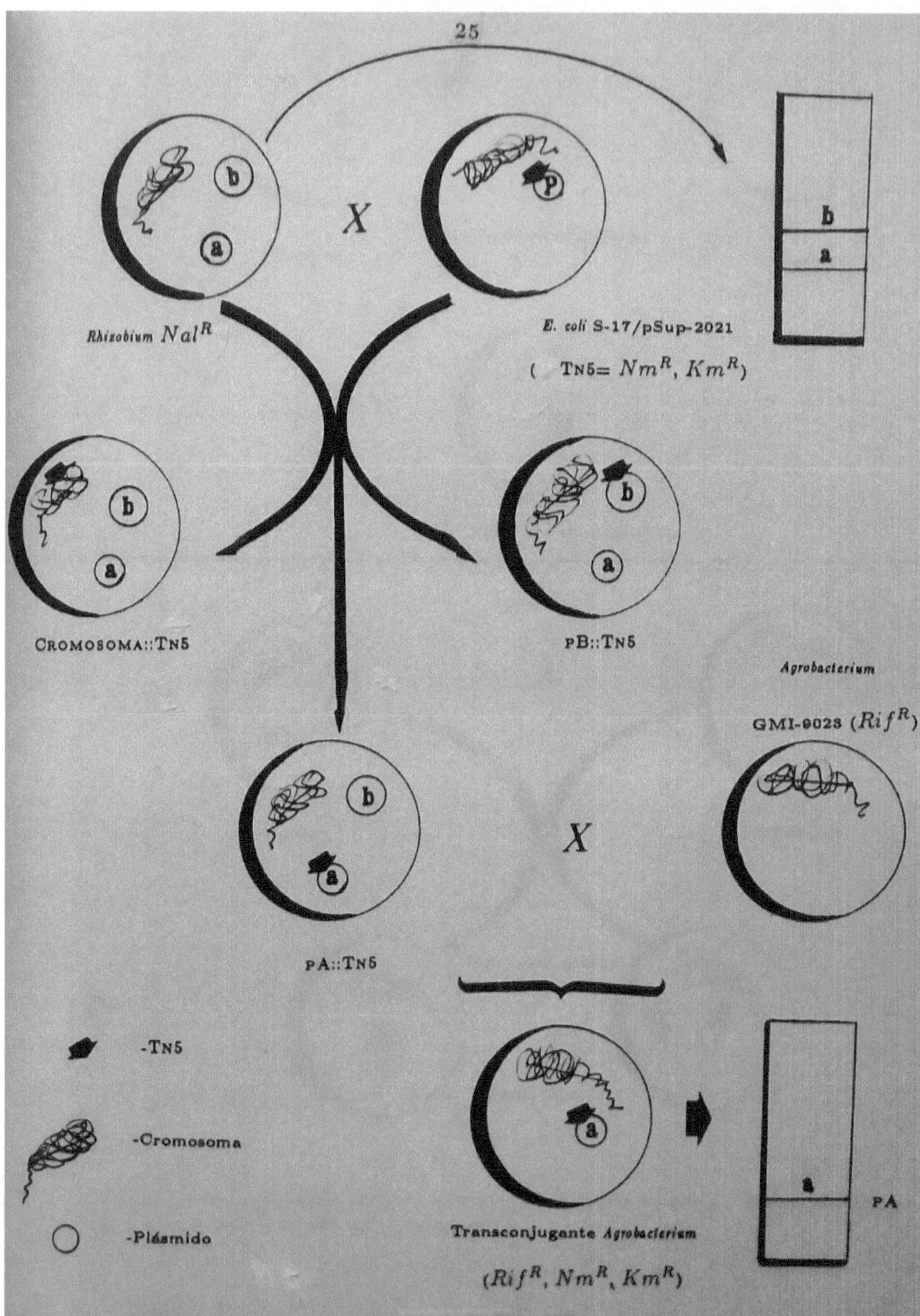

Figura 6.

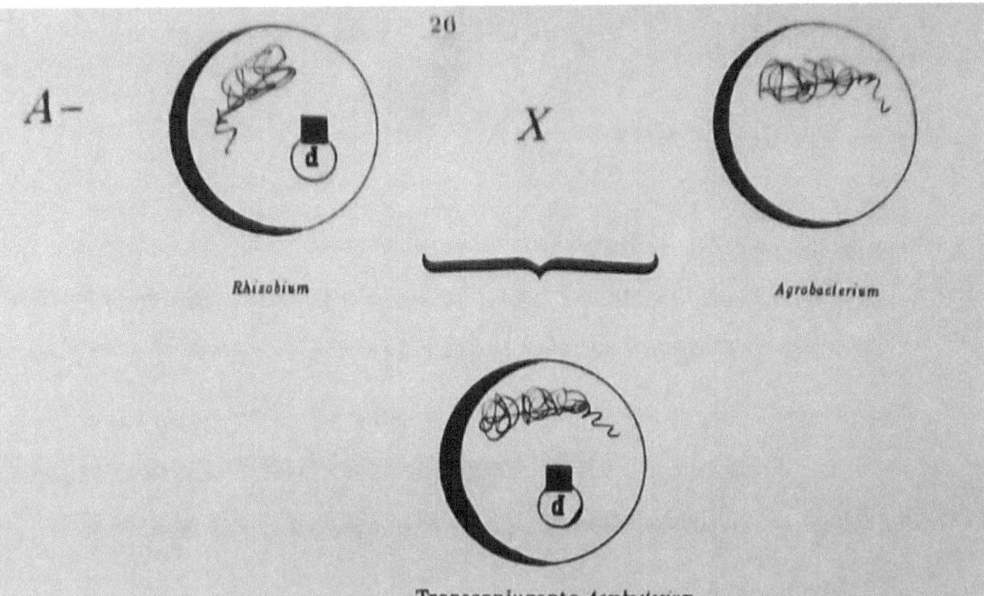

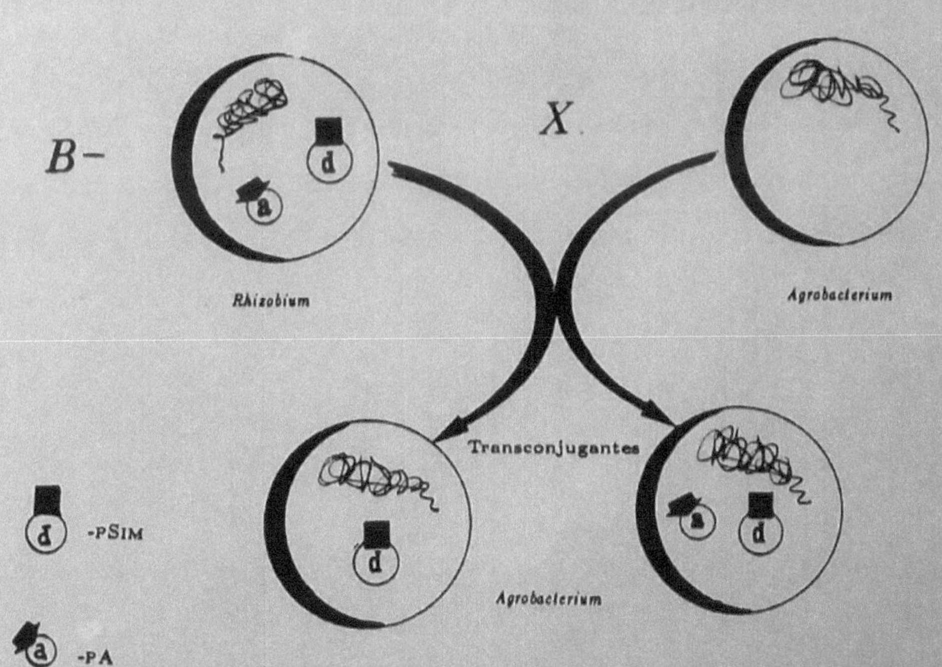

Frecuencias de transferencia comparadas entre: A) la transferencia del PSIM en ausencia de PA y B) la transferencia del PSIM en presencia de PA.

Figura 7.

Para observar los plásmidos transferidos se elaborarán perfiles de plásmidos por el método de electroforesis descrito por Eckhardt (16).

Se escogerán 16 cepas de *Rhizobium* distribuídas en sus diversas especies según el cuadro # 1, haciéndose la elección, en el caso del *bv. phaseoli*, de acuerdo a las distancias genéticas descritas por Piñero (46) (ver Figura 28 en apéndice).

Se escogerán también 2 cepas de *R. leguminosarum* no simbióticas aisladas del suelo (proporcionadas por Lorenzo Segovia (58)).

La cepa de *Agrobacterium tumefaciens* que se usará en este trabajo es la GMI-9023, que carece de sus plásmidos nativos ("curada"): pTi^- y pCr^- (52). Debido a la cercanía filogenética entre *Agrobacterium* y *Rhizobium*, la cepa GMI-9023 ha sido usada como receptora de plásmidos (7, 39, 53).

CAPITULO III
MATERIAL Y METODOS

A) MATERIAL

a) Material biológico

Cuadro # 1: Cepas bacterianas utilizadas

cepa y especie	hospedero	origen (fuente)	plásmidos(fig.29)
USDA-2086 *(R. trifolii)*	*Trifolium*	U.S.A. (U.S.D.A.*)	2
USDA-2134 *(R. trifolii)*	*Trifolium*	U.S.A. (U.S.D.A.*)	2
USDA-2443 *(R. viceae)*	*Viceae*	U.S.A. (U.S.D.A.*)	2
USDA-2489 *(R. viceae)*	*Viceae*	U.S.A. (U.S.D.A.*)	2
TIPO I			
CE- 3 *(R. phaseoli)*	*P.vulgaris*	Gto. Méx. (C.I.F.N. (49))	6
COC-8 *(R. phaseoli)*	*P.coccineus*	Mor. Méx. (C.I.F.N.)	4
F- 14 *(R. phaseoli)*	*P.vulgaris*	Mor.Méx. (C.I.F.N.)	4
NITRAGIN-8251 *(R. phaseoli)*	"	U.S.A. (U.S.D.A.*)	4
TAL-182 *(R. phaseoli)*	"	Hawaii (B.Ben.Bohlool*)	3
VIKING-1 *(R. phaseoli)*	"	Minn. U.S.A. (Robert (51))	2
F- 4 *(R. phaseoli)*	"	Gto. Méx. (C.I.F.N.)	4
TIPO II:			
CFN-299 *(R. phaseoli)*	"	Colombia (C.I.F.N. (39))	3
C-05-1 *(R. phaseoli)*	"	Brasil (C.E.N.A.*)	3
BR-10036 *(R. phaseoli)*	"	Brasil (C.E.N.A.*)	3
CIAT-899 *(R. phaseoli)*	"	Colombia (Graham (20))	2
CAR-22 *(R. phaseoli)*	"	Brasil (C.E.N.A.*)	2

NO SIMBIOTICAS:

NS-1 *(R. leg.)*	—	Mor. México (C.I.F.N. (58))1	
NS-2 *(R. leg.)*	—	Mor. México (C.I.F.N. (58))2	

CEPA DE Rhizobium cowpeae:

DAL-4 *(R. cowpeae)*	*Dalea*	Mor. Méx. (C.I.F.N.)	1

DERIVADAS DE LA CE-3:

CFN-2001 *(pSim⁻ y pA⁻) (R. ph.)*	"	Mor. Méx. (C.I.F.N.(34))	4
CFN-2001/pD::Tnsac *(pA⁻) (R. ph.)*	"	Mor. Méx. (C.I.F.N.)	5

CEPAS AUXILIARES:

GMI-9023 *(A. tumefaciens)*	dicotiledóneas	Rosenberg (53)	0
GMI-9023/pD::Tn5 *(A. tum.)*	"	Mor. Méx. (C.I.F.N.(8))	1
S-17/pSup-2021 *(E. coli)*	—	Simón (59)	1

* Referencias: USDA–*Rhizobium* culture collection; Agricultural Research Center; Beltsville, MD 20705./ B.Ben.Bohlool–Nif TAL project; Paia, Hawaii./ CENA–(M. Tsai); Universidad de Sao Paulo; Sao Paulo, Brasil.

La cepa CFN-2001 es una derivada de la cepa CE-3. Fue obtenida al someter a la cepa CE-3 a una temperatura de 37 grados centigrados durante 7 días, y con ello perdió tanto su pSim como su pA (34). Posteriormente a la CFN-2001 se le transfirió el pSim de una derivada de la CE-3 marcado con un transposón que confiere sensibilidad a sacarosa (**Tnsac**) y resistencia a algunos antibióticos (Sp, Gm) (Romero, D., trabajo en preparación), pasando a ser de tal forma la nueva cepa CFN-2001/pD::Tnsac (Construida por Brom, comunicación personal). Para ver la distancia genética de algunas de las cepas elegidas ir a la Figura # 28 en el apéndice y ver el dendrograma obtenido por Piñero, et al.(46).

b) **Medios de cultivo (ver Apéndice #1)**

-**PY**: Para el crecimiento de las cepas de *Rhizobium*, así como también para llevar a cabo las cruzas de *Rhizobium* con *E. coli* y con *A. tumefaciens*. En presencia de antibióticos se seleccionan a las poblaciones que poseen información genética que confiere resistencia a los mismos.

-**LB**: Para el crecimiento de *Agrobacterium tumefaciens*. Con antibióticos, para seleccionar a las colonias que recibieron la información de resistencia a ellos.

-**BYLA**: Para la determinación de cepas de *Agrobacterium*, a través de la producción de α-cetolactosa. La producción de este compuesto se puede detectar en una reacción colorida y es específica de *Agrobacterium*.

Otros medios de cultivo elaborados para conservar las cepas :

1)- **LB** Rif_{100} : para el crecimiento y resiembra de la cepa GMI-9023 de *Agrobacterium tumefaciens*,la cual resiste a Rif (Rif^R).

2)- **PY** Nal_{20} : para el crecimiento y resiembra de las cepas de *Rhizobium*, las cuales resisten a Nal (Nal^R).

3)- **PY** Sp_{75} : para el crecimiento y resiembra de la cepa CFN- 2001/ pD:: Tnsac.

c) Antibióticos usados

- Ácido nalidíxico (Nal) = 20 μg/ml,

- Kanamicina (Km) = 30 μg/ml,

- Neomicina (Nm) = 30 μg/ml,

- Rifampicina (Rif) = 100 μg/ml,

- Espectinomicina (Sm) = 100 μg/ml,

- Gentamicina (Gm) = 30 μg/ml.

B) Métodos

a) Cruzas genéticas

Las cepas donadora y receptora se crecieron por doce horas en PY líquido, se mezclaron y pusieron a incubar por aproximadamente doce horas más. Para seleccionar las transconjugantes, la mezcla de cepas se resuspendió en sulfato de magnesio, adicionado con un detergente (tween 40% (Apéndice # 3)), se hicieron diluciones y se platearon sobre el medio selectivo.

Las selecciones utilizadas en las cruzas fueron las siguientes:

1) -Cruza: *E. coli* S-17/pSup-2021 (Km^R, Nm^R) X *Rhizobium* (Nal^R)

-Transconjugantes seleccionadas: *Rhizobium*::**Tn5** (Nal^R, Km^R, Nm^R)

-Contraselección donadora: Nal

-Contraselección receptora: Km, Nm

-Medio de selección: PY $Nal_{20}, Km_{30}, Nm_{30}$.

Utilización: La selección de transconjugantes de las diversas cepas de *Rhizobium* que recibieron en alguna parte de su genoma el **Tn5** que les confiere resistencia a Km y a Nm.

2)-**Cruza:** *Rhizobium* **pA::Tn5** (Nal^R, Km^R, Nm^R) **X** *Agrobacterium* GMI-9023 (LB Rif^R)

-Transconjugantes seleccionadas: GMI-9023/pA::Tn5 (LB Rif^R, Km^R, Nm^R)

-Contraselección donadora: LB Rif

-Contraselección receptora: Km, Nm

-Medio de selección: LB $Rif_{100}, Km_{30}, Nm_{30}$.

Utilización: La selección de transconjugantes de *Agrobacterium tumefaciens* que recibieron el **pA** de *Rhizobium* marcado con el **Tn5** que le confiere resistencia a Km y a Nm y también la determinación de la frecuencia con la cual dicha transferencia se lleva a cabo.

3)-**Cruza:** *Rhizobium* CFN-2001/pD::Tnsac (Gm^R, Sp^R, Sac^s) **X** *Agrobacterium* GMI-9023 (LB Rif^R)

-Transconjugantes seleccionadas: GMI-9023/pSim::Tnsac (LB Rif^R, Sp^R, Gm^R)

-Contraselección donadora: LB Rif

-Contraselección receptora: Sp, Gm

-Medio de selección: LB $Rif_{100}, Sp_{75}, Gm_{30}$.

Utilización: La selección de transconjugantes de *Agrobacterium tumefaciens* que recibieron el **pSim** de la cepa CFN-2001/D::Tnsac, que posee una inserción de Tnsac, que le confiere resistencia a: Gm., Sp., Km., así como sensibilidad a sacarosa. Y la determinación de la frecuencia con la que se transfiere dicho pSim.

4) -**Cruza:** *Rhizobium* **pA::Tn5** (Nm^R) **X** *Rhizobium* **CFN-2001/pD::Tnsac** (Sp^R, Gm^R)

-Transconjugantes seleccionadas: CFN- 2001/ pD:: Tnsac, pA:: Tn5 (Sp^R, Gm^R, Nm^R)

-Contraselección donadora: Sp, Gm

-Contraselección receptora: Nm

Medio de selección: -PY $Sp_{75}, Gm_{30}, Nm_{30}$.

Utilización : La selección de transconjugantes de la cepa CFN- 2001/D:: Tnsac que recibieron el **pA** de las diversas cepas de *Rhizobium* estudiadas, el cual, por poseer al **Tn5**, les confiere resistencia a Km y a Nm. Y la determinación de la frecuencia de transferencia de los diversos **pA**.

5) -**Cruza** Cepa *Rhizobium* CFN-2001/pD::Tnsac, pA::Tn5 (Gm^R, Sp^R, Sac^S) **X** *Agrobacterium* GMI-9023 (LB Rif^R)

-Transconjugantes seleccionadas: GMI-9023/pSim::Tnsac (LB Rif^R, Sp^R, Gm^R)

-Contraselección donadora: LB Rif

-Contraselección receptora: Sp, Gm

-Medio de selección: LB Rif_{100}, Sp_{75}, Gm_{30}.

Utilización: Para seleccionar transconjugantes de *Agrobacterium tumefaciens* que reciben el pSim en presencia de los pA procedentes de las diversas cepas de *Rhizobium*. Y la determinación de la frecuencia con que se transfiere dicho pSim en presencia de los diversos pA.

b) Obtención de los perfiles de plásmidos

Siguiendo la técnica de Eckhardt (16): Primero se preparan los geles de agarosa en los que se colocarán los extractos bacterianos.

El tratamiento de las bacterias a ser sometidas a electroforesis es el siguiente:

1- Las cepas de *Rhizobium* o de *Agrobacterium*, se incuban por doce horas aproximadamente con agitación a 30 grados cetígrados.

2- Se toma aproximadamente 1 ml del cultivo y se centrifuga para eliminar el medio.

3- Las bacterias se lavan con sarcosyl (Apéndice # 3). (se refrigeran durante diez minutos).

4- Se adicionan a la pastilla de bacterias 40 μl de la solución A de eckhardt (ver apéndice # 2). La lisozima de esta solución degrada y rompe las proteínas de la bacteria (lisis). Y el ficoll estabiliza y protege a los ácidos nucleicos. Esto se resuspende y se coloca cada lisado en un carril del gel.

5- Se adicionan 40 μl de la solución B de Eckhardt (apéndice # 2) por carril, y se homogeneiza con cuidado. Esta solución, además de ficoll, contiene S.D.S (dodecil sulfato de sodio) el cual es un detergente que solubiliza las paredes celulares y al romperse, el DNA escapa.

6- Se agregan 100 μl de la solución C de Eckhardt (apéndice # 2) por carril, que contiene lo mismo que la anterior, sólo que el ficoll está un 50 % menos concentrado.

7- Se introduce el gel en la cámara de electroforesis y se somete a 8 mili ampéres (30 volts) por una hora.

8- Las cuatro horas siguientes, la corriente debe elevarse a 40 mili ampéres por gel (170 volts).

9- Los geles se tiñen con bromuro de etidio durante 15 minutos, luego se lavan y finalmente se observa el perfil de plásmidos en la pantalla de rayos ultravioleta.

CAPITULO IV
RESULTADOS Y DISCUSION

Resultados:

a) Distribución de pA en distintas cepas de *Rhizobium*

Esta determinación se llevó a cabo observando la transferencia de plásmidos de derivadas de cada cepa de *Rhizobium* marcada con Tn5 a la receptora GMI-9023. Se analizaron 300 derivadas de cada cepa encontrándose que en 12 de los 19 casos había por lo menos un plásmido autotransferible, en 5 de ellos ninguno y en 2 de ellos no se pudo determinar porque no se obtuvieron derivadas marcadas con Tn5 (este Cuadro # 2 se ilustra en forma gráfica en la figura 8). Se observa en el Cuadro que las cepas que poseen un menor número de plásmidos (2 y 3) presentan los más altos porcentajes de transconjugantes GMI-9023 y las cepas que tienen un mayor número de plásmidos (4 y 6) presentaron los más bajos porcentajes de transconjugantes GMI-9023, siendo estas últimas, tres cepas del género del *R. leguminosarum bv. phaseoli- tipo I*, y siendo su porcentaje menor al 5%.

b) Determinación de la frecuencia de transferencia del pA

Esto se llevó a cabo de acuerdo a como se explica en Material y Métodos. En los cuadros # 3 y # 4 se presentan los resultados. Una observación de estos resultados consiste en que el análisis de diferentes derivadas de una misma cepa no proporciona frecuencias idénticas. Cabe enfatizar que el dato que principalmente nos interesa de estos resultados, es la relación entre las transconjugantes y las donadoras (TRANSC/DONADORA), pero para proporcionar una idea de la relación con las receptoras, también se agregaron en estos cuadros las relaciones entre las transconjugantes y las receptoras. Los resultados presentados en estos cuadros son la media de tres repeticiones.

El Cuadro # 3 se ilustra en forma gráfica en la figura 9, y una de las cruzas con su frecuencia se muestra en el apéndice # 7, en la figura 30 (la cepa CE-3 como donadora).

El Cuadro # 4 se muestra en forma gráfica en la figura 10 y tres de estas cruzas se ilustran en el Apéndice # 7, en las figuras 32, 33 y 34 (CE-3, C-05-1 y COC-8).

c) **Frecuencia de transferencia del** *pSim* **en presencia y ausencia de diversos** *pA*.

Estas frecuencias se determinaron de acuerdo a la explicación dada en **Material y Métodos** y los resultados se muestran en el cuadro # 5

Una gráfica de este Cuadro # 5 se observa en la figura 11 y en el Apéndice # 7, en la figura 31 se observa la frecuencia de transferencia del **pSim** sin la participación del **pA**; así mismo, en las figuras 32, 33 y 34 se ven las frecuencias de transferencia del **pSim** con la participación del **pA** de tres cepas: COC-8, C-05-1 y CE-3.

Cuadro # 2 : Porcentaje de transconjugantes GMI-9023 receptoras de pA de *Rhizobium* con inserción de *Tn5*

CEPA	ESPECIE Y BIOVAR	% GMI-9023/pA-Tn5
1) USDA-2443	*R. leguminosarum bv. viceae*	18.30%
2) BR-10036	*R. leguminosarum bv. phaseoli-tipo II*	15.67%
3) USDA-2134	*R. leguminoarum bv. trifolii*	14.00%
4) USDA-2489	*R. leguminosarum bv. viceae*	12.30%
5) C-05-1	*R. leguminsarum bv. phaseoli-tipo II*	12.30%
6) CFN-299	*R. leguminsarum bv. phaseoli-tipo II*	12.00%
7) NS-2	*R. leguminosarum*	11.60%
8) USDA-2086	*R. leguminsarum bv. trifolii*	10.00%
9) CIAT-899	*R. leguminsarum bv. phaseoli-tipo II*	05.00%
10) CE-3	*R. leguminosarum bv. phaseoli-tipo I*	04.30%
11) COC-8	*R. leguminsarum bv. phaseoli-tipo I*	03.30%
12) F-14	*R. leguminsarum bv. phaseoli-tipo I*	01.00%
13) CAR-22	*R. leguminosarum bv. phaseoli-tipo II*	00.00%
14) NS-1	*R. leguminosarum*	00.00%
15) DAL-4	*R. cowpeae*	00.00%
16) TAL-182	*R. leguminosarum bv. phaseoli- tipo I*	00.00%
17) VIKING-1	*R. leguminosarum bv. phaseoli- tipo I*	00.00%
18) F-4	*R. leguminosarum bv. phaseoli- tipo I*	No Detectado
19) NITRAGIN-182	*R. leguminosarum bv. phaseoli- tipo I*	No Detectado

Figura 8. Representación gráfica de los porcentajes de las colonias GMI-0023 de *Agrobacterium tumefaciens* que recibieron el pA marcado con el Tn5 proveniente de cepas de *Rhizobium*. (Se tomaron 300 colonias como el 100%).

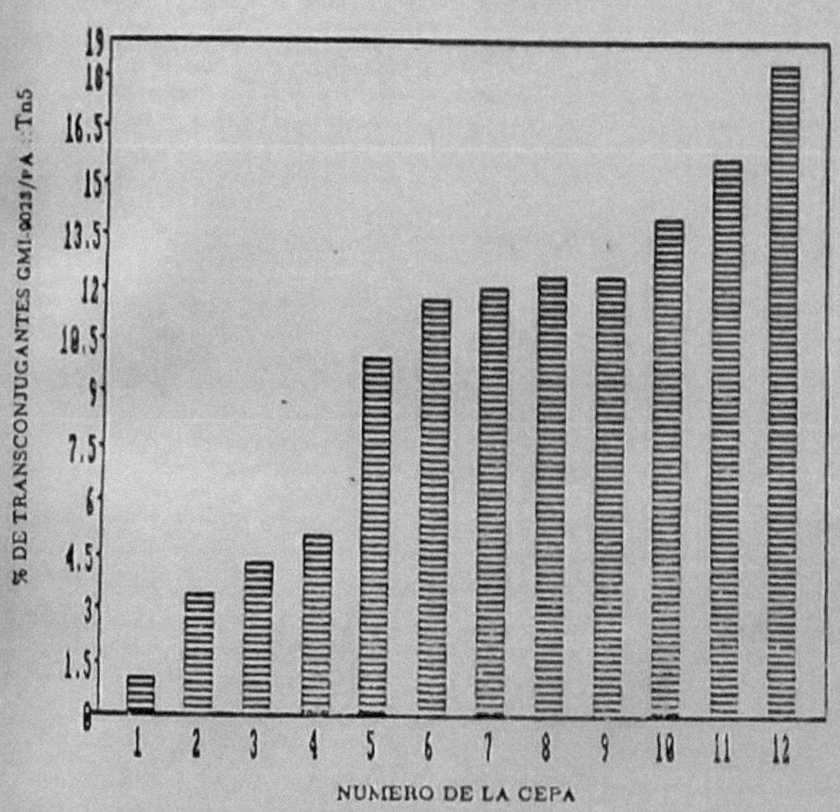

# DE CEPA	# DE CEPA	# DE CEPA	# DE CEPA
1) P-14	4) CIAT-899	7) CPN-299	10) USDA-2134
2) COC-8	5) USDA-2086	8) C-05-1	11) BR-10036
3) CE-3	6) NS-2	9) USDA-2489	12) USDA-2443

Cuadro # 3: Frecuencias de transferencia de pA de cepas de *Rhizobium* a receptoras de *Agrobacterium* (GMI-9023).

CEPA Y NUMERO	TRANSC/DONADORA	TRANSC/RECEPTORA
CE-3/3-22	6.60×10^{-4}	3.70×10^{-4}
CE-3/2-78	6.00×10^{-4}	3.78×10^{-4}
CE-3/1-88	8.00×10^{-4}	3.50×10^{-4}
media:	7.00×10^{-4}	
F-14/1-38	8.81×10^{-3}	1.70×10^{-2}
F-14/2-8	1.00×10^{-2}	2.46×10^{-2}
media:	9.00×10^{-3}	
COC-8/1-4	9.80×10^{-2}	5.13×10^{-3}
COC-8/1-15	7.05×10^{-2}	3.38×10^{-3}
COC-8/2-70	4.85×10^{-2}	0.80×10^{-2}
media:	7.00×10^{-2}	
NS-2/2-23	1.00×10^{-3}	6.70×10^{-4}
CFN-299/3-10	2.22×10^{-1}	1.26×10^{-1}
CFN-299/1-39	9.50×10^{-2}	7.00×10^{-2}
CFN-299/2-56	2.54×10^{-1}	2.74×10^{-5}
media:	1.60×10^{-1}	
CIAT-899/3-74	1.36×10^{-2}	1.17×10^{-1}
CIAT-899/3-77	7.80×10^{-2}	5.00×10^{-1}
CIAT-899/3-88	9.40×10^{-2}	2.00×10^{-3}
CIAT-899/1-78	6.20×10^{-2}	1.40×10^{-2}
CIAT-899/1-14	7.70×10^{-2}	7.50×10^{-2}
media:	6.50×10^{-2}	

Cuadro # 3: Continuación...

CAPA Y NUMERO	TRANSC/DONADORA	TRANSC/RECEPTORA
BR-10036/1-13	1.68×10^{-2}	1.36×10^{-2}
BR-10036/1-88	1.00×10^{-2}	9.70×10^{-4}
BR-10036/3-24	2.15×10^{-2}	4.32×10^{-3}
BR-10036/3-25	1.10×10^{-2}	5.30×10^{-3}
media:	1.40×10^{-2}	
C-05-1/1-17	1.20×10^{-1}	4.50×10^{-2}
C-05-1/1-47	7.60×10^{-2}	3.50×10^{-2}
C-05-1/1-85	1.70×10^{-1}	2.60×10^{-2}
media:	1.20×10^{-1}	
USDA-2134/2-59	1.39×10^{-2}	6.40×10^{-4}
USDA-2134/1.8	1.72×10^{-2}	1.88×10^{-4}
USDA-2134/2.42	3.00×10^{-2}	8.00×10^{-4}
USDA-2134/1.9	7.17×10^{-3}	6.20×10^{-4}
media:	1.70×10^{-2}	
USDA-2086/2-21	2.13×10^{-3}	8.14×10^{-4}
USDA-2443/1-8	3.50×10^{-1}	1.48×10^{-2}
USDA-2443/1-94	1.30×10^{-1}	4.90×10^{-5}
media:	2.40×10^{-1}	
USDA-2489/1-94	5.22×10^{-2}	2.48×10^{-3}
USDA-2489/1-44	1.40×10^{-2}	2.80×10^{-4}
USDA-2489/1-99	5.50×10^{-2}	6.60×10^{-5}
USDA-2489/1-82	1.00×10^{-2}	5.00×10^{-3}
USDA-2489/1-60	2.40×10^{-1}	2.30×10^{-3}
media:	3.20×10^{-2}	

Figura 9. Representación gráfica de las frecuencias de transferencia de los pA de *Rhizobium* hacia *Agrobacterium*

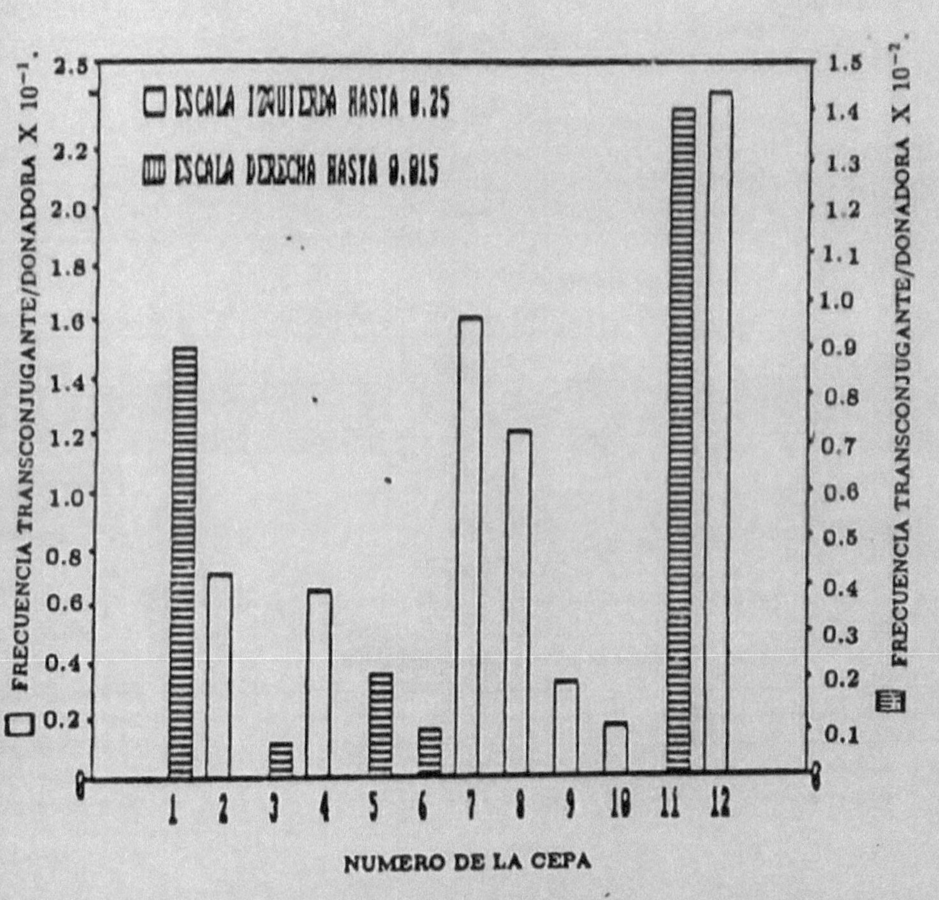

# DE CEPA	# DE CEPA	# DE CEPA	# DE CEPA
1) F-14	4) CIAT-899	7) CFN-299	10) USDA-2134
2) COC-8	5) USDA-2086	8) C-05-1	11) BR-10036
3) CE-3	6) NS-2	9) USDA-2489	12) USDA-2443

Cuadro # 4: Frecuencia de transferencia del *pA* de diversas cepas de *Rhizobium* hacia la receptora CFN-2001/pD::Tnsac, también de *Rhizobium*.

CEPA Y COLONIA	TRANSC/DONADORA	TRANSC/RECEPTORA
CE-3/1-88	6.7×10^{-2}	2.0×10^{-2}
CE-3/3-22	7.5×10^{-2}	3.3×10^{-2}
media:	7.1×10^{-2}	
F-14/1-38	3.4×10^{-4}	1.4×10^{-4}
COC-8/2-70	9.6×10^{-4}	1.9×10^{-3}
COC-8/1-15	2.6×10^{-4}	3.5×10^{-4}
media:	6.1×10^{-4}	
NS-2/2-23	4.3×10^{-6}	2.0×10^{-6}
CFN-299/1-39	2.3×10^{-3}	1.1×10^{-3}
BR-10036/3-24	9.5×10^{-4}	2.2×10^{-4}
BR-10036/1-88	4.6×10^{-4}	2.4×10^{-4}
media:	7.0×10^{-4}	
C-05-1/1-85	5.8×10^{-3}	3.7×10^{-3}
USDA-2134/2-59	1.8×10^{-4}	1.2×10^{-4}
USDA-2086/2-21	7.1×10^{-4}	1.5×10^{-4}
USDA-2489/1-60	1.7×10^{-4}	4.2×10^{-5}
USDA-2489/1-94	5.7×10^{-3}	2.2×10^{-3}
media:	2.7×10^{-3}	

Nota: No fue posible aislar derivadas de la cepa CFN-2001/pD::Tnsac con los pA de las siguientes cepas: USDA-2443 y CIAT-899.

Figura 10. Representación gráfica de las frecuencias de transferencia de los pA procedentes de cepas de *Rhizobium* hacia la cepa CFN-2001/pDuTusac (derivada de la CE-3) también de *Rhizobium*.

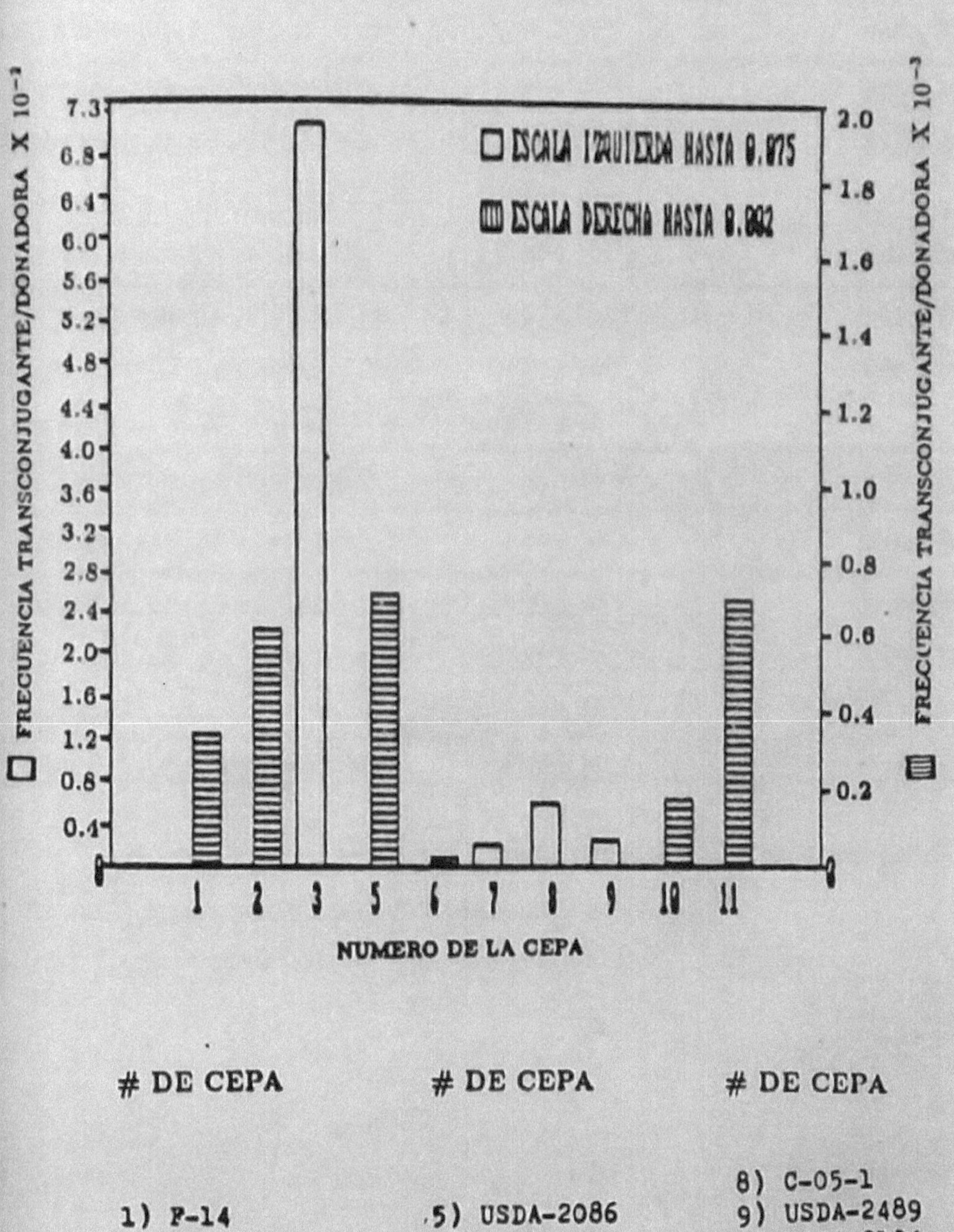

# DE CEPA	# DE CEPA	# DE CEPA
1) F-14	5) USDA-2086	8) C-05-1
2) COC-8	6) NS-2	9) USDA-2489
3) CE-3	7) OFN-299	10) USDA-2134
		11) BR-10036

Cuadro # 5: Frecuencia de transferencia del *pSim* de la cepa CFN - 2001 / pD :: Tnsac con los diversos *pA* hacia la cepa GMI-9023.

pA: CEPA Y COLONIA	TRANSC/DONADORA	TRANSC/RECEPTORA
CFN-2001/pD	3.30×10^{-8}	1.43×10^{-8}
CFN-2001/pD; pA (CE-3/1-88)	1.47×10^{-6}	9.70×10^{-8}
CFN-2001/pD; pA (CE-3/3-22)	1.07×10^{-6}	1.14×10^{-7}
media:	1.27×10^{-6}	
CFN-2001/pD; pA (F-14/1-38)	3.49×10^{-7}	3.35×10^{-8}
CFN-2001/pD; pA (COC-8/1-15)	1.51×10^{-7}	1.63×10^{-8}
CFN-2001/pD; pA (COC-8/2-70)	2.91×10^{-7}	4.08×10^{-8}
media:	2.21×10^{-7}	
CFN-2001/pD; pA (NS-2/2-21)	1.78×10^{-7}	2.98×10^{-8}
CFN-2001/pD; pA (CFN-299/1-39)	4.00×10^{-7}	1.55×10^{-8}
CFN-2001/pD; pA (C-05-1/1-17)	4.20×10^{-7}	1.44×10^{-8}
CFN-2001/pD; pA (C-05-1/1-85)	2.47×10^{-7}	7.24×10^{-9}
media:	3.33×10^{-7}	
CFN-2001/pD; pA (USDA-2489)	2.03×10^{-7}	1.03×10^{-8}

Nota: Fuimos incapaces de obtener transconjugantes de las siguientes cepas: BR-10036, USDA-2086 y USDA-2134, de acuerdo al cuadro # 3.

Figura 11. Representación gráfica de las frecuencias de transferencia del p*S*im en presencia y en ausencia del p*A*.

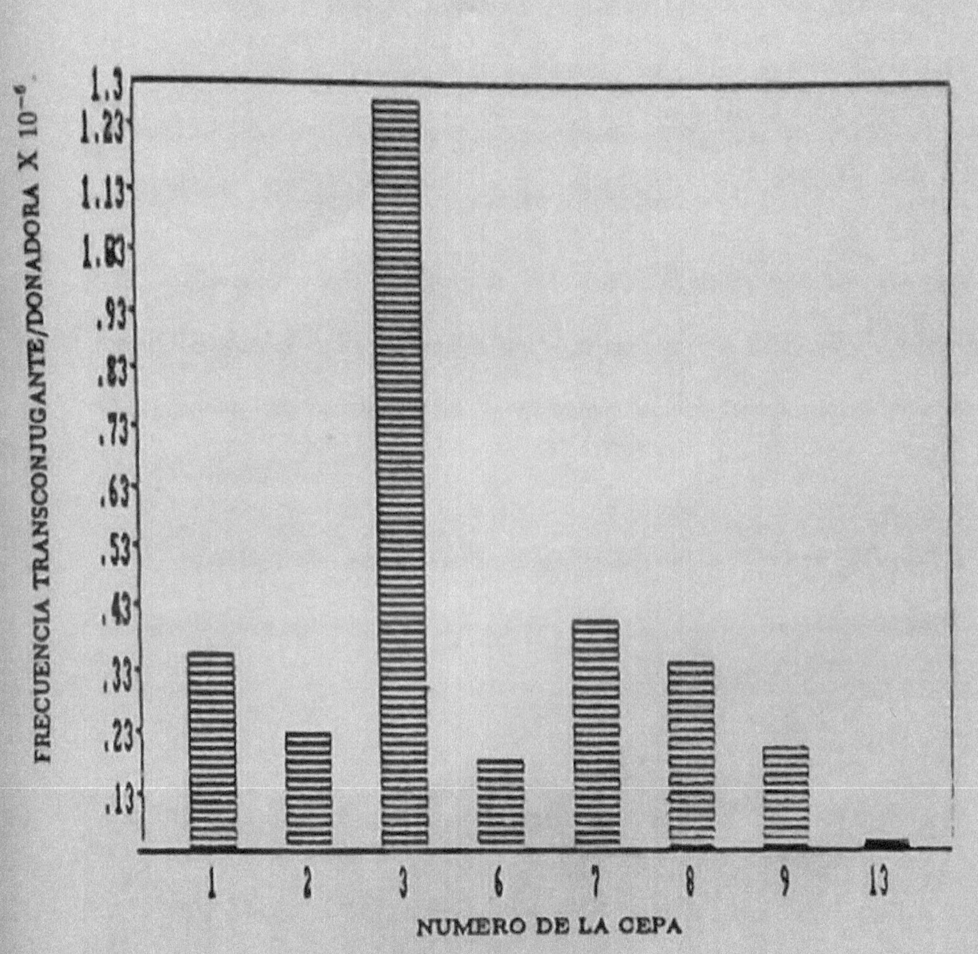

DE CEPA

```
1)CFN-2001/pD::Tnsac;pA::Tn5(F-14)
2)            "            ;pA::Tn5(COC-8)
3)            "            ;pA::Tn5(CE-3)
6)            "            ;pA::Tn5(NS-2)
7)            "            ;pA::Tn5(CFN-299)
8)            "            ;pA::Tn5(C-05-1)
9)            "            ;pA::Tn5(USDA-2489)
13)           "            ;pA⁻
```

d) Perfiles de plásmidos

Para determinar la presencia de pA en las distintas cepas, así como posteriormente, para comprobar la transferencia del pSim en el caso de las resultantes presentadas en el Cuadro # 5, se elaboraron perfiles de plásmidos de las cepas de *Rhizobium* y de sus transconjugantes derivadas.

Las que a continuación se describen coinciden con las colonias señaladas en el Cuadro # 1, es decir, son las transconjugantes GMI-9023 de *Agrobacterium tumefaciens* que recibieron los diversos pA con sus inserciones de Tn5 de las cepas de *Rhizobium*.

1) CE-3: En los 13 casos revisados, sólo se observa un plásmido transferido, que pareciera ser uno de los 2 de menor peso molecular aproximadamente de 190 Kb (fig. 12).

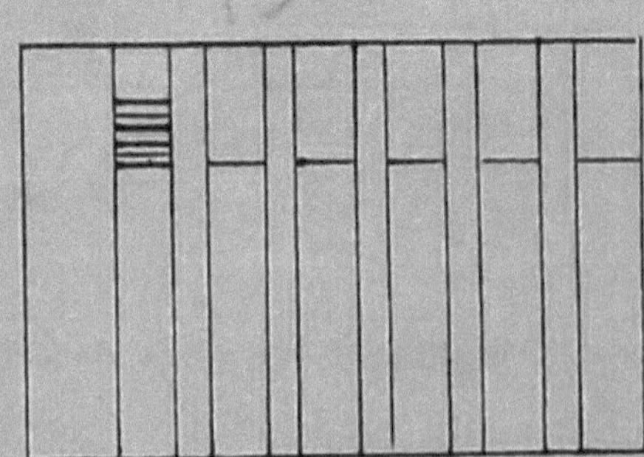

Fig. 12. Perfil de plásmidos que representa la transferencia del PA procedente de la cepa CE-3 de *Rhizobium* hacia la cepa GMI-9023 de *Agrobacterium*. El primer carril contiene los plásmidos de la cepa CE-3 y el resto a la receptora GMI-9023.

2) F-14: En los 3 casos observados se hace evidente, transferido, sólo el plásmido de menor peso molecular (fig. 13)

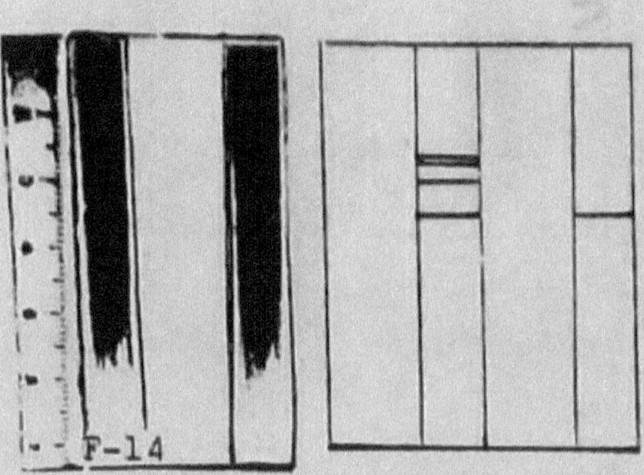

Fig 13 Perfil de plásmidos que representan la transferencia del plásmido A de la cepa F-14 en el carril izquierdo, hacia la cepa GMI-9023 en el derecho.

3) COC-8: En los 10 casos observados, se encuentra transferido sólo el plásmido más ligero (fig. 14).

4) NS-2: En los 17 casos observados se ven los 2 plásmidos que posee transferidos (fig. 15).

5) CFN-299: De 30 casos observados, en 22 de ellos sólo se ve el plásmido de menor peso molecular autotransferido y en los 8 restantes se ven transferidos tanto el plásmido de menor peso molecular así como el que le sigue en tamaño (fig. 16).

6) CIAT-899: En los 15 casos observados, sólo se ve el plásmido de menor peso molecular (fig. 17).

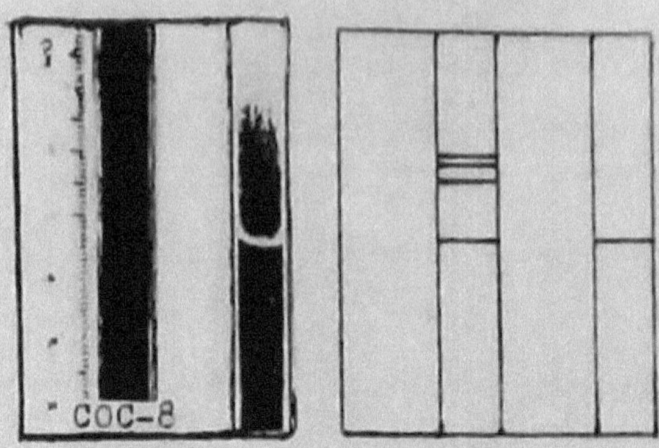

Fig. 14. Perfil de plásmidos que representa la transferencia del plásmido A de la cepa COC-8 mostrada en el carril izquierdo hacia l . GMI-9023 mostrada en el derecho.

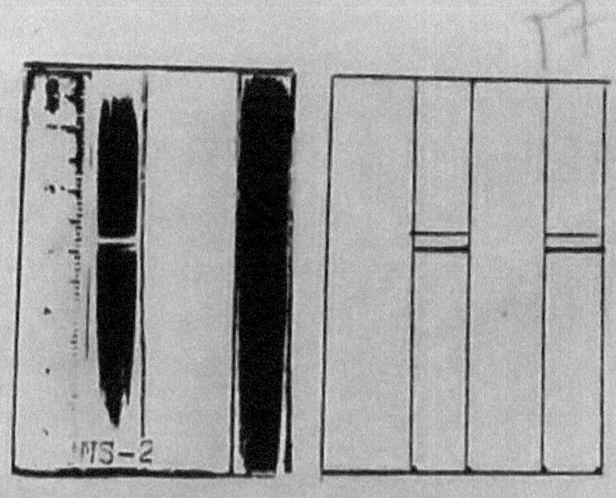

Fig. 15. Perfil de plásmidos que representa la transferencia de plásmidos procedentes de la cepa NS-2 (carril izquierdo) hacia la GMI-9023 (carril derecho). En este caso se transfirieron los dos plásmidos.

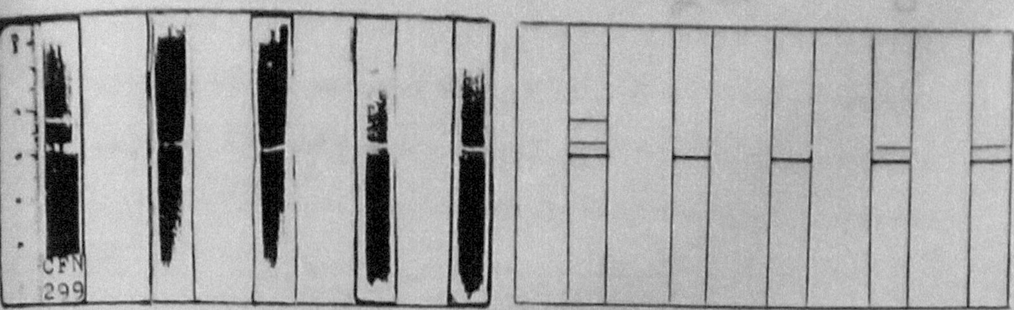

Fig. 16. Perfil de plásmidos que representa la transferencia de la cepa CFN-299 (primer carril) hacia la GMI - 9023 un plásmido transferido (segundo y tercer carril), dos plásmidos transferidos (cuarto y quinto carril). Conteo de carriles de izquierda a derecha.

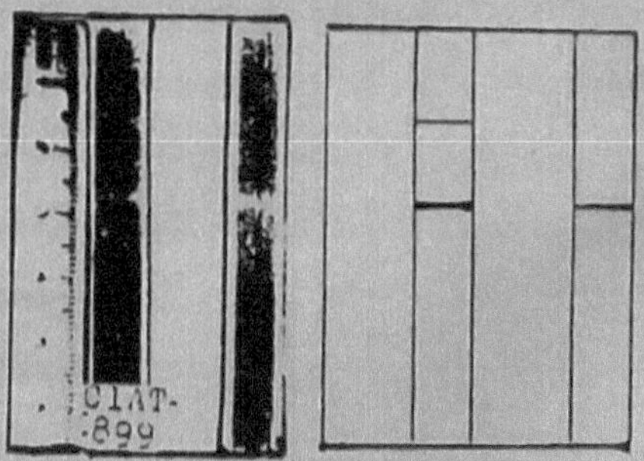

Fig. 17. Perfil de plásmidos que representa la transferencia del plásmido A de la cepa CIAT-899 (primer carril) hacia la GMI-9023 (segundo carril).

7) BR-10030: 36 colonias fueron ensayadas y en 15 de ellas sólo se observó el

plásmido de menor peso molecular (línea más baja en las fotos correspondientes),
el cual suponemos que pudiera ser el pA, en 11 de ellas el plásmido de menor
peso molecular y también el de mayor peso se transfirieron y en las 5 restantes, el
plásmido de menor peso molecular fue transferido junto con el plásmido intermedio
(fig. 18).

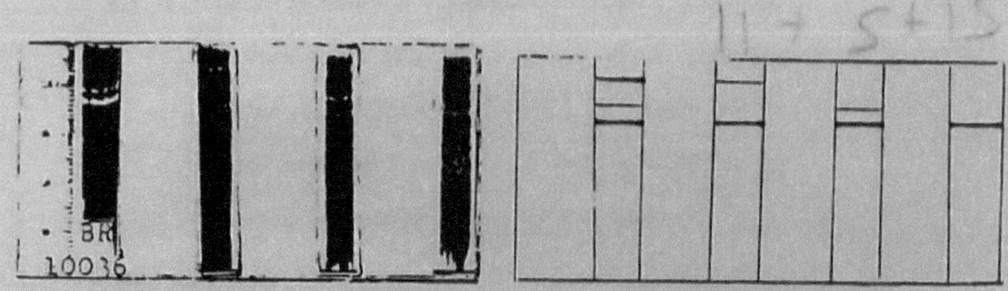

Fig. 18. Perfil que representa la transferencia de plásmidos de la cepa
BR-10036 (primer carril) hacia la GMI-9023: la receptora con
el plásmido menor y el mayor transferido (segundo carril), la
receptora con el plásmido menor y el intermedio transferidos
(tercer carril), la receptora con un solo plásmido transferido
(cuarto carril).

8) C-05-1: De 12 casos observados, en 4 de ellos se ve sólo el plásmido de
menor peso molecular transferido, en los otros 4 parece verse el plásmido intermedio
transferido solo, y en los 4 restantes, tanto el primero como el segundo plásmido se
transfirieron (fig. 19).

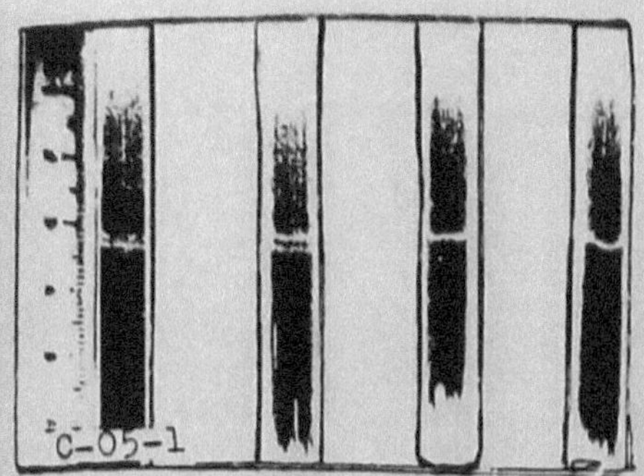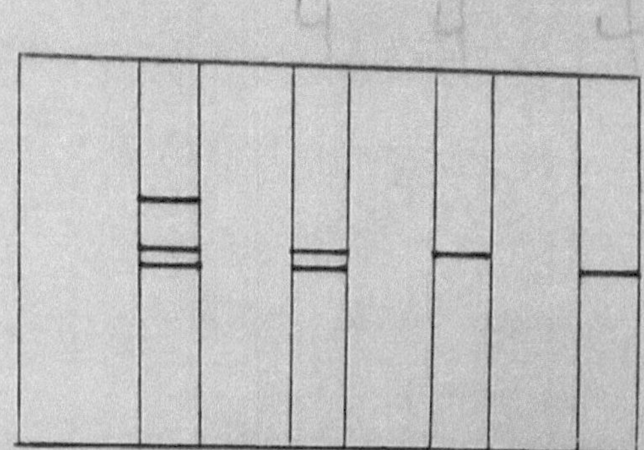

Fig. 19. Perfil que representa la transferencia de la cepa C-05-1 (carril
uno) hacia la GMI-9023: la receptora con los dos plásmidos
de menor peso transferidos (carril dos), la receptora con el
plásmido intermedio transferido (carril tres), y la receptora con
el plásmido de menor peso transferido (carril cuatro).

9) USDA-2134: De 17 colonias observadas, en 10 de ellas se ve sólo un
plásmido autotransferido y en 7 de ellas se ven los dos que posee la cepa (fig. 20).

10) USDA-2086: De los 16 casos observados, en 11 de ellos se ve sólo un
plásmido transferido, y en 6 de ellos se ven los dos (fig. 21).

11) USDA-2443: 16 colonias fueron observadas, en 12 de ellas se apreciaron
ambos plásmidos transferidos, y en las 4 restantes sólo se encontró el plásmido de
menor peso molecular transferido, el cual suponemos que puede ser el pA (fig. 22).

12) USDA-2489: De 17 casos observados, en 7 de ellos se ve sólo un plásmido
transferido y en 10 de ellos, los dos (fig. 23).

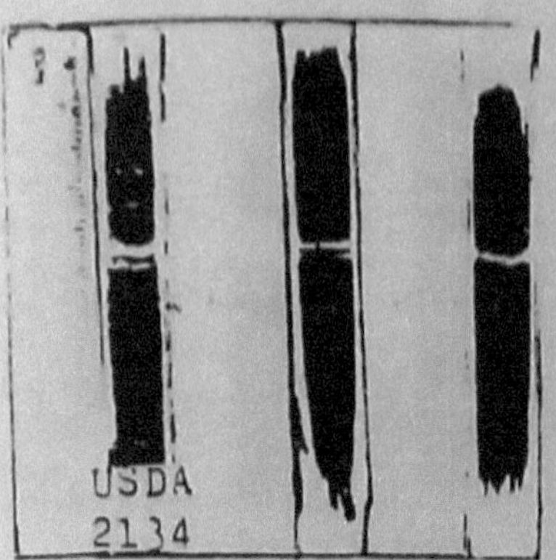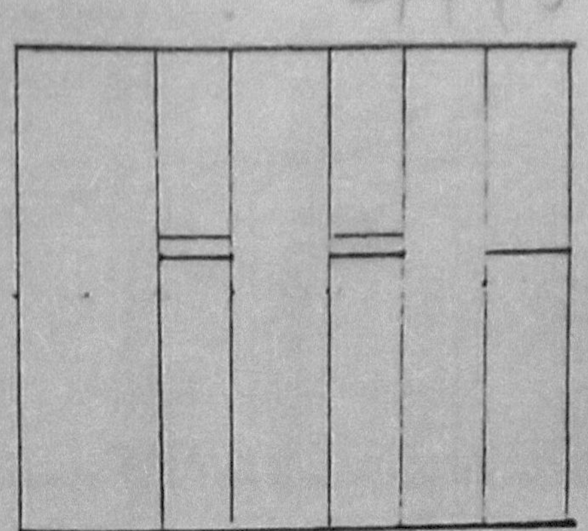

Fig. 20. Perfil de plásmidos que representa la transferencia de la cepa

USDA-2134 (primer carril) hacia la GMI-9023: la receptora

con los dos plásmidos que posee la donadora (carril dos), la

receptora con el plásmido de menor peso molecular (carril tres).

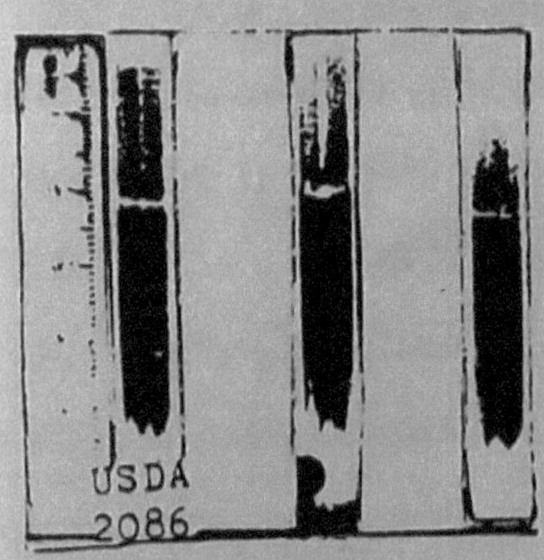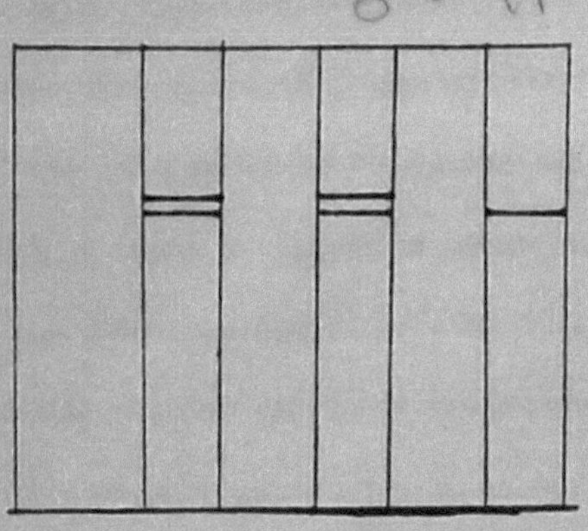

Fig. 21. Perfil de plásmidos que representa la transferencia de la cepa

USDA-2086 (primer carril) hacia la GMI-9023: la receptora con

los dos plásmidos de la donadora (carril dos), la receptora con

el de menor peso (carril tres).

13) Dentro de las observaciones de los perfiles de plásmidos de la cepa CFN

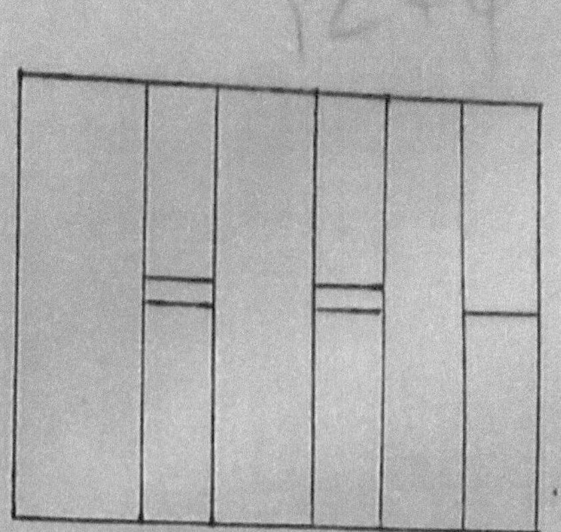

Fig. 22. Perfil de plásmidos que representa la transferencia de la cepa USDA-2443 (primer carril) hacia la GMI-9023. La receptora con los dos plásmidos que posee la donadora (carril dos), la receptora con el plásmido de menor peso de la donadora (carril tres).

- 2001 / pD :: Tnsac con pA de las diversas cepas, siendo en este caso tanto las donadoras como la receptora miembros del género *Rhizobium*, se pudieron observar claramente dentro de la CFN- 2001/ pD:: Tnsac los pA de las siguientes cepas: CE-3, F-14, COC-8 y la CFN-299. En estos cuatro casos se observa la transconjugante CFN - 2001/ pD :: Tnsac con nuevos pA presentes aproximadamente a la misma altura en todos los casos. Esto nos permite concluir que estas cuatro cepas mencionadas tienen un plásmido autotransferible de, aproximadamente, el mismo peso molecular (190 Kb) (figura 24).

Interesante observación se puede hacer de las transconjugantes de la cepa CFN - 2001/ pD :: Tnsac con los pA de la cepa donadora C-05-1, ya que en este caso, en una de las dos colonias muestreadas, la 1-85, se observa que el pA está junto al plásmido b de la cepa CFN - 2001/ pD :: Tnsac y en la otra colonia

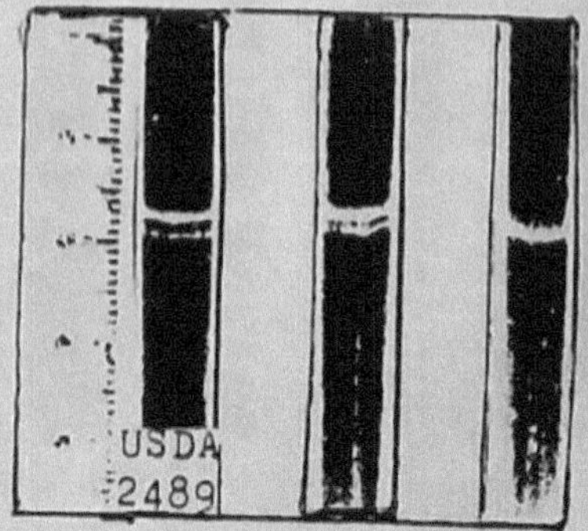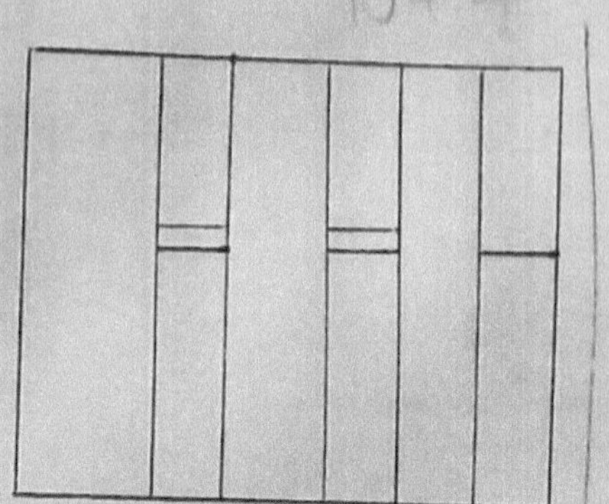

Fig. 23. Perfil de plásmidos que representa la transferencia de la cepa
USDA-2489 (carril uno) hacia la GMI-9023: la receptora con
los dos plásmidos de la donadora (carril dos), o la receptora
con el plásmido de menor peso (carril tres). Este es el cuarto
caso similar.

muestreada, la 1-17, se observa que el **pA** está junto al plásmido c de la CFN - 2001/ pD :: Tnsac. Lo cual pareciera indicarnos que la cepa C-05-1 posee dos plásmidos autotransferibles (fig. 24).

De las cepas USDA-2489 y NS-2, aún cuando no se pudo observar el **pA** dentro de la cepa CFN - 2001/ pD :: Tnsac, pareciera ser que lo transfirieron, ya que el Cuadro # 5 así lo muestra en el incremento de la frecuencia de transferencia del **pSim**.

14) Por último, y dentro de las observaciones presentadas acordes con el Cuadro # 5, las transconjugantes de *Agrobacterium tumefaciens* cepa GMI-9023 recibieron los **pSim** provenientes de la cepa CFN-2001/pD::Tnsac, la cual carece de su **pA**, y en 18 de los perfiles de plásmidos obtenidos, se observa solamente el **pSim** presente a la misma altura que el **pSim** testigo (de la cepa CE-3) (fig. 25).

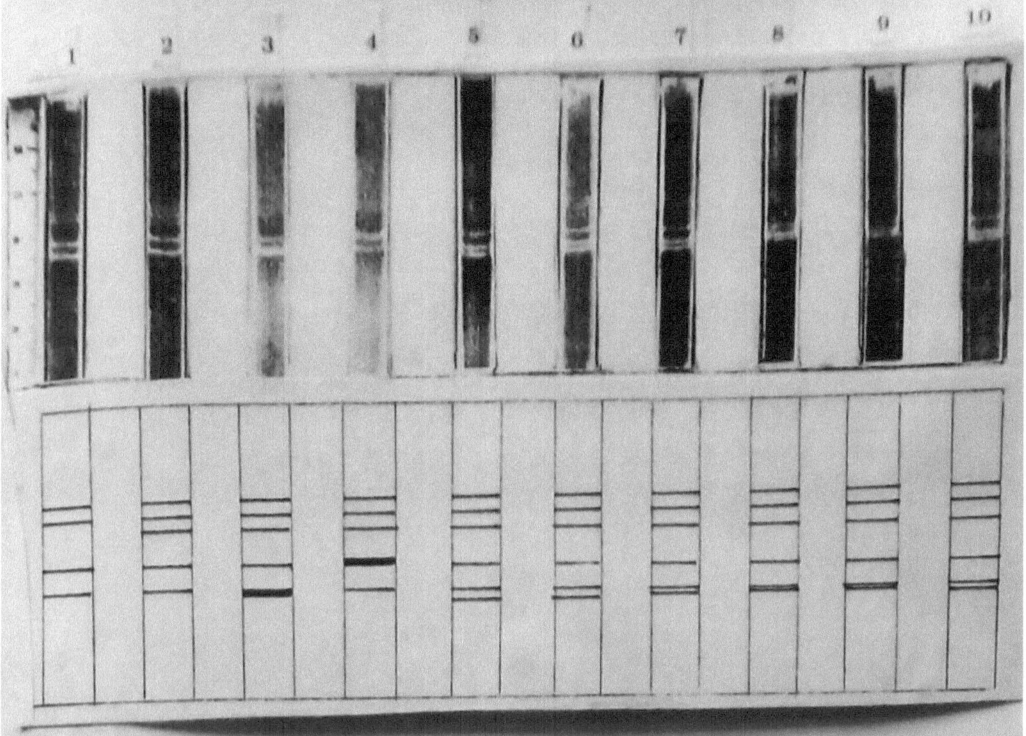

# DE CEPA		
1) CFN-2001		6) ¡pA COC-8 (1-70)
2) CFN-2001/pD::Tnsac		7) ¡pA COC-8 (1-15)
3) ¡pA C-05-1 (1-85)		8) ¡pA CE-3 (3-22)
4) ¡pA C-05-1 (1-17)		9) ¡pA CE-3 (1-88)
5) ¡pA CFN-299		10) ¡pA F-14

Fig. 24. Perfil de plásmidos que representa en los primeros dos carriles a las cepas control: 1) cepa CFN-2001, 2) cepa CFN - 2001/ pD :: Tnsac, en el resto de los carriles se presentan transconjugantes de la cepa CFN - 2001/ pD :: Tnsac mas el plásmido autotransferible de las cepas cuyos nombres se mencionan al pié de cada carril. En todos los casos el PA parece ser el plásmido de menor peso molecular (aprox. 190 Kb.). *Nota:* Entre paréntesis aparece el número de la colonia.

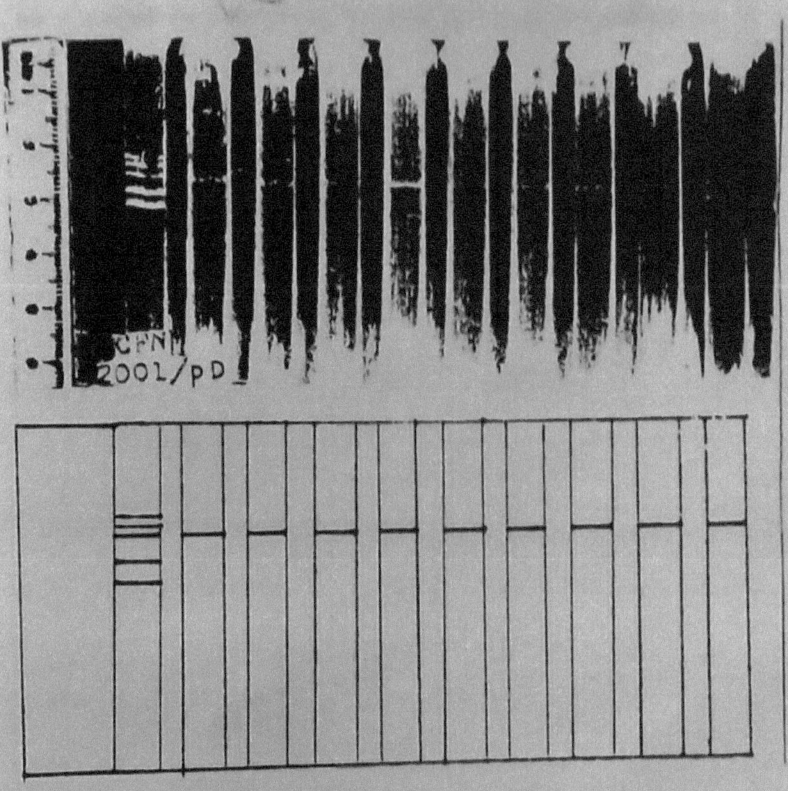

Fig. 25. Perfil de plásmidos que representa la transferencia del plásmido simbiótico de la cepa CFN - 2001/ pD :: Tnsac, que carece de plásmido autotransferible (carril uno), la cepa GMI - 9023/ pD :: Tn5 (8) que es un control de *Agrobacterium* (carril dos), y el resto de los carriles representan a la cepa GMI - 9023 como receptora y en todos los casos obtenidos solo se transfirió el pSim.

En el Cuadro # 5 se muestra la frecuencia de transferencia del *pSim* procedente de derivadas de la cepa CFN - 2001/ pD :: Tnsac, con los **pA** de las siguientes cepas: COC-8, CE-3, F-14, NS-2, C-05-1, CFN-299 y USDA-2489. En la figura 26a se puede observar que éstas transconjugantes adquirieron solamente al **pSim**.

En algunos casos, se observaron en las transconjugantes plásmidos de mayor peso molecular, cuando los **pSim** provenían de cepas que contenían el **pA** de las siguientes cepas: CFN-299, CE-3 y USDA-2489.

En un caso, se observó la presencia del **pA** además del **pSim** en la transconjugante (figura 26b).

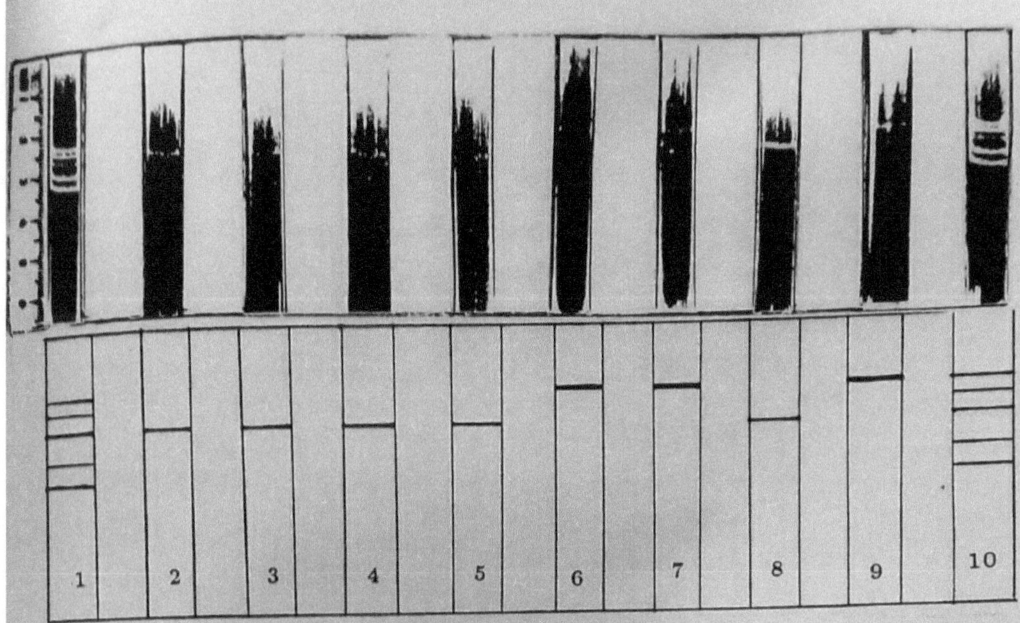

DE CEPA

1) CFN-2001/pD::Tnsac

2) GMI-9023/pD::Tn5

3) ¡pA COC-8 (a)

4) ¡pA C-05-1

5) ¡pA CFN-299 (a)

6) ¡pA CFN-299 (b)

7) ¡pA USDA-2489

8) ¡pA CE-3 (a)

9) ¡pA CE-3 (b)

10) CFN-2001/pD::Tnsac

Fig. 26a. Perfil de plásmidos que representan a las transconjugantes GMI
- 9023 receptoras del PSIM procedente de la CFN - 2001/ pD
:: Tnsac conteniendo los PA de las diversas cepas (señaladas
al pié de cada carril).

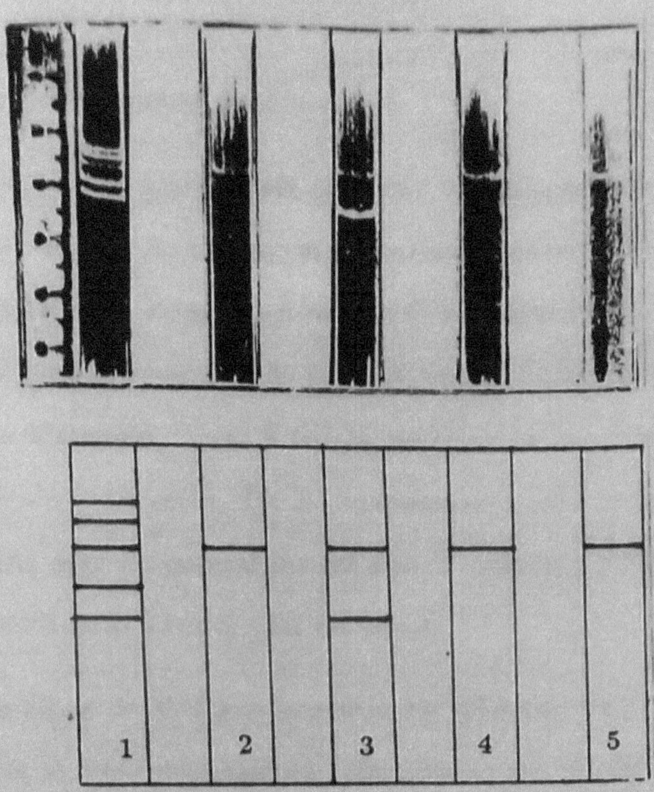

DE CEPA

2) GMI-9023/pD::Tn5   4) ;pA F-14

CFN-2001/pD::Tnsac   3) ;pA COC-8 (b)   5) ;pA NS-2

Fig. 26b. Perfil de plásmidos que representan a las transconjugantes GMI

- 9023 receptoras del PSIM procedente de la CFN - 2001/ pD ::

Tnsac más los PA de las diversas cepas (al pié de cada carril).

Discusión

1) Distribución de pA en cepas de *Rhizobium*

Los datos obtenidos en este trabajo muestran que aún cuando no todas las cepas de *Rhizobium* poseen pA, las que lo presentan se encuentran distribuídas entre diferentes variedades de cepas. La presencia de este tipo de plásmidos es una característica que no está restringida a *R. phaseoli*, ya que también se encontraron pA en los siguientes biovares: *viceae y trifolii*, así como en una cepa de *R. leguminosarum* no simbiótica del suelo. De *R. leguminosarum bv. phaseoli* no todas las cepas poseen pA, pero en general las del *tipo II* contienen plásmidos que se transfieren a frecuencias más altas que las del *tipo I*.

En todas las cepas de *R. leguminosaurm bv. phaseoli - tipo I* analizadas: CE-3, F-14 y COC-8, se observó transferido solamente un pA de aproximadamente 200 kilobases. La frecuencia de transferencia de estos pA varía entre: 7×10^{-2} y 7×10^{-4}.

En las cepas de *R. leguminosarum bv. phaseoli - tipo II* analizadas: CFN-299, BR-10036, CIAT-899 y C-05-1, se observó la transferencia de uno o más plásmidos. En una cepa, la BR-10036, se advirtió la presencia del plásmido de menor peso molecular en todos los perfiles de plásmidos realizados. En algunos casos éste se observó cotransferido con uno u otro de los dos plásmidos restantes de la cepa, y uno de ellos debe ser el pSim. Dado que éste plásmido se transfirió en todos los casos analizados, podemos suponer que se trata de un pA que puede estar funcionando como "facilitador" (ayudador) para la transferencia del resto de los plásmidos existentes, aunque no se ha descartado la posibilidad de que también esos otros lo sean. El pA de estas cepas posee aproximadamente 190 kilobases. La frecuencia de transferencia de los pA de estas cepas varía entre 1.6×10^{-1} y 1.4×10^{-2}.

En las cepas de *R. leguminosarum bv. trifolii* analizadas: USDA-2086 y USDA-2134, parece que se puede transferir uno o los dos plásmidos presentes, siendo posible por lo tanto, la transferencia del pSim. Parece que el pA en estas cepas es de mayor tamaño que en las anteriores (aproximadamente 390 kb.). Su frecuencia de transferencia va de 1.7×10^{-2} a 2.13×10^{-3}.

En las cepas de *R. leguminosarum bv. viceae* analizadas: USDA-2443 y USDA-2489, se transfiere también uno o los dos plásmidos existentes, siendo entonces posible la transferencia del pSim. El tamaño aproximado del pA de estas cepas es de 390 kb., y su frecuencia de transferencia varía de 2.4×10^{-1} hasta 3.2×10^{-2}.

La cepa USDA-2443 fué la que presentó tanto el más alto porcentaje de tranconjugantes GMI-9023 (18.3 % de las 300 colonias obtenidas) así como también la más alta frecuencia de transferencia hacia la cepa GMI-9023: 2.4×10^{-1}. Sin embargo, resultó imposible cruzarla con la cepa CFN - 2001/ pD :: Tnsac.

La cepa no simbiótica del suelo estudiada (NS-2), ubicada dentro de la especie *R. leguminosarum*, fue capaz de transferir en todos los casos observados los dos plásmidos que posee, y su pA fue capaz de transferir el pSim de otra cepa (la CE-3). NS-2 fue la cepa con la más baja frecuencia de transferecia cuando la receptora también fue una cepa de *Rhizobium*.

Hay dos posibles explicaciones para estos datos: una es que puede haber más de un pA en una misma cepa, y otra, es que el pA puede estar ayudando a transferir a otros plásmidos a altas frecuencias (como el caso de la BR-10036). En ciertos casos, el pSim se transfiere junto con el pA, y en otros, parece ser un plásmido distinto al **pSim** el que se transfiere (casos de las cepas: BR-10036, NS-2, CFN-299, C-05-1. Observación similar previamente señalada por Mercado (43)).

Las más altas frecuencias de transferencia entre los diversos **pA** al ser transferidos de *Rhizobium* hacia *Agrobacterium* se obtuvieron con las siguientes cepas (en ese orden): USDA-2443 (bv. *viceae*), CFN-299 y C-05-1 (ambas bv. *phaseoli - tipo II*). Esto permitiría suponer dos cosas: que estos **pA** tienen bastante similitud entre sí, o bien, que hay una mayor compatibilidad entre estas cepas y *Agrobacterium* en comparación con el resto.

En cambio, las más bajas frecuencias de transferencia de los **pA** hacia *Agrobacterium* se obtuvieron de las cepas: CE-3 (bv. *phaseoli - tipo I*), NS-2 (*R. leguminosarum*) y USDA-2086 (bv. *trifolii*). Esto permitiría suponer también: que estos **pA** son muy parecidos entre sí, o que la incompatibilidad entre esas cepas y *Agrobacterium* es mayor que con las otras.

Sin embargo, si se observan ahora las mayores frecuencias de transferencia de los diversos **pA** de *Rhizobium* hacia otra cepa también de *Rhizobium* (como receptora, la cepa CFN - 2001/ pD :: Tnsac) en este análisis, por ser derivadas entre sí, no se toma en cuenta a la cepa CE-3. Entonces, tenemos en el siguiente orden los resultados: C-05-1 (bv. *phaseoli - tipo II*), USDA-2489 (bv. *viceae*) y CFN-299 (bv. *phaseoli - tipo II*). Esto, de nuevo indicaría que estos plásmidos autotransferibles tienen bastante similitud entre ellos o que la incompatibilidad entre la donadora y la receptora es baja.

Las más bajas frecuencias de transferencia de los **pA** de cepas de *Rhizobium* hacia otra cepa de *Rhizobium* resultaron ser: NS-2 (*R. leguminosarum*), USDA-2134 (bv. *trifolii*) y F-14 (bv. *phaseoli - tipo I*).

Entonces, se puede concluir que las mayores frecuencias de transferencia del pA se obtienen de cepas del bv. *phaseoli - tipo II* y del bv. *viceae*, mientras que las menores frecuencias de transferencia se obtienen de cepas del bv. *phaseoli - tipo I*, del bv. *trifolii* y de la cepa no simbiótica del suelo. Por estos datos, podría pensarse que se ha de tratar, al menos de dos tipos distintos de *pA*.

Es interesante la evidencia de que también se observan diferencias en las frecuencias de transferencia dentro de un mismo tipo bacteriano. Este es el caso de las cepas COC-8 y BR-10036, que difieren notablemente de otras de su mismo tipo al transferir el pA hacia *Agrobacterium*. Lo mismo puede decirse de las cepas estudiadas del biovar *trifolii*, lo cual sería indicativo de que, en tales casos, también se trata de diferentes pA.

De todo lo anterior, se podría concluir que es probable que existan plásmidos autotransferibles similares en biovares distintos (phaseoli -II y viceae) o plásmidos autotransferibles diferentes en un mismo biovar (COC-8 vs. F-14).

Adicionalmente, al observar los perfiles de plásmidos de la cepa CFN - 2001/ pD :: Tnsac conteniendo pA de algunas de las cepas estudiadas (COC-8, CE-3, CFN-299), se concluye que dichos pA parecieran tener un peso molecular muy aproximado. Por otra parte, en la cepa C-05-1, parece que se tratara de dos distintos pA transferidos independientemente el uno del otro.

Cuando se observa la capacidad de estos pA para favorecer la transferencia del pSim de una cepa distinta a la de ellos, se ve que en todos los casos su frecuencia se incrementa aproximadamente en la misma proporción (en 10 veces). Esto indicaría, tal vez, que aún cuando parece que se trata de distintos pA, los mecanismos por los que ayudan a la transferencia de un mismo pSim es similar en eficiencia.

Para determinar conclusivamente la similitud entre los pA de distintas cepas, se deben llevar a cabo experimentos de hibridización entre los distintos pA, así como también el estudio de otras características de los pA, tal como su efecto sobre la transferencia de diversos tipos de pSim.

2) Frecuencia de transferencia de los diferentes *pA* en relación a las cepas receptoras

Al llevarse a cabo la conjugación de la cepa CE-3 como donadora y la cepa CFN - 2001/ pD :: Tnsac como receptora, la frecuencia de transferencia de este **pA** se incrementa en cien veces comparada con su transferencia hacia *Agrobacterium tumefaciens*. El incremento va de 7×10^{-4} a 7×10^{-2}.

Esto podría indicar que la transferencia de plásmidos dentro de una misma cepa es más elevada en comparación con la transferencia de plásmidos entre cepas distintas.

Curiosamente, a diferencia de la cepa CE-3, la cual incrementó la frecuencia de transferencia de su pA al tomar como receptora a una derivada de sí misma, en el resto de las cepas disminuyó la frecuencia de transferencia del pA en diez veces al tener como receptora a la cepa CFN - 2001/ pD :: Tnsac, la cual, aunque es una cepa distinta, también pertenece al género *Rhizobium*. En algunos casos, ya no fue posible detectar la transferencia.

Entonces, puede concluirse que la capacidad de una cepa de *Agrobacterium* carente de sus plásmidos para recibir diferentes plásmidos autotransferibles procedentes de cepas de *Rhizobium* es mayor que en el caso de que las cepas receptoras también sean de *Rhizobium*. Esto quizá se deba a incompatibilidad (ver glosario) entre los plásmidos de las diversas cepas o a algún otro mecanismo de exclusión entre ellos, lo que se podría comprobar utilizando una cepa de *Rhizobium* carente de plásmidos como receptora; si en este caso la frecuencia de transferencia se incrementara, se apoyaría esta hipótesis.

3) El *pA* incrementa la frecuencia de transferencia del *pSim* de su cepa originaria

La cepa CFN-2001/pD::Tnsac (la cual carece de pA, según se mencionó en "Material y Métodos") es capaz de transferir su pSim a una frecuencia de 3.3×10^{-8}.

Al comparar la frecuencia de transferencia del pSim, de la cepa CE-3, en ausencia del pA, con su frecuencia de transferencia en presencia del pA de su cepa originaria, se puede observar un incremento en cien veces.

4) El *pA* incrementa la frecuencia de transferencia del *pSim* de otra cepa

Tomando como receptora a la cepa CFN- 2001/ pD:: Tnsac (del género de *Rhizobium*) y como donadoras del pA a las diversas cepas mencionadas en este trabajo (ver Cuadro # 2), todas las cuales pertenecen al género del *Rhizobium*, la resultante es una construcción de la cepa CFN-2001/pD::Tnsac con un pA ajeno a ella. Y si tal construcción se toma como donadora, y la que se usa como receptora de nuevo es la cepa GMI-9023 de *Agrobacterium*, lo que sucede es que la frecuencia en la transferencia del pSim de la cepa CFN-2001/pD::Tnsac se ve incrementada en diez veces al compararla con la frecuencia de transferencia del pSim en ausencia de pA. Con esto podemos concluir que un pA ajeno incrementa la frecuencia de transferencia del pSim de otra cepa, aunque en menor proporción que si se trata del pA de la propia cepa.

5) **Posibles mecanismos de la transferencia del *pSim* favorecida por la presencia del *pA***

Existen varias posibilidades para explicar el incremento de la frecuencia de transferencia del pSim cuando existen pA en una cepa, pero en todas ellas se considera que el pA es el portador de la información genética necesaria para la transferencia (por poseer genes **tra-mob**):

a) que el **pA** migre con el **pSim** formando un plásmido cointegrado. El cointegrado podría generarse por la recombinación entre ambos plásmidos. La presencia de secuencias homólogas en ellos ha sido descrita por Girard et al.,(en prensa) y por Gonzalez (19). Este cointegrado se podría detectar como un plásmido de mayor peso molecular correspondiente a la suma de los pesos moleculares del pSim y del pA; es interesante notar que en algunos de los resultados obtenidos se observaron transconjugantes con plásmidos cuyo tamaño podría corresponder al de un cointegrado. En la receptora, este cointegrado podría "resolverse" quedando separados los dos plásmidos.

b) que tanto el **pA** como el **pSim** se transfieran por separado. En este caso el **pA** parece ayudar al **pSim** por un efecto *"TRANS"* (ver glosario), o sea, a distancia. Esto debido a poseer la secuencia de genes **tra-mob**, ya que se observan los dos plásmidos por separado en la receptora.

c) el **pA** puede ayudar a la transferencia del **pSim** con su secuencia de genes tra, los cuales permiten la formación del "pili", y con su secuencia de genes mob, que permiten la elaboración de enzimas que provocan la ruptura de la cadena, la cual es la que se transfiere a la receptora y esto, también debido a un efecto "trans"; pero ahora, sin transferirse el **pA** a la cepa receptora.

En aquellas cepas en las que fue imposible encontrar estos **pA**, sería interesante transferirles uno y ver si se mantiene en la población después de cierto tiempo y si este **pA** es capaz de incrementar la frecuencia con la cual se transfiere el **pSim** de tales cepas.

Se sabe que en el suelo existen bacterias de *Rhizobium* que carecen de pSim. Si éstas se cruzaran con otras bacterias poseedoras de pSim altamente eficientes y de pA altamente transferibles, se podrá pensar en un mejoramiento genético de tales cepas con una información más deseable. La presencia de los pA podría permitir dicho mejoramiento al incrementar la frecuencia de transferencia del pSim deseable y al ampliar su distribución. Estos pA podrían tener un papel importante en la conservación de los plásmidos en las poblaciones bacterianas así como también, en la transferencia horizontal de los genes entre cepas.

Sería muy recomendable llevar a cabo estudios de compatibilidad entre los diversos plásmidos de las cepas de *Rhizobium*, tanto de las nativas del suelo como de cepas de otras localidades o mantenidas y modificadas en el laboratorio, para observar que es lo que sucede y saber de una manera más real el alcance y las implicaciones de estos pA en los campos de cultivo. De esta manera, se podría comprender mejor la función del pA, el cual aparentemente no colabora en forma directa con la fijación biológica del Nitrógeno pero, por ahora, parece concluírse que el pA si colabora en el incremento del intercambio de esa información genética necesaria para fijar el Nitrógeno molecular.

CAPITULO V
CONCLUSIONES

1- En cepas de distintos tipos de *Rhizobium* se pueden encontrar plásmidos autotransferibles (pA)

2- La frecuencia de transferencia de plásmidos en cepas de *Rhizobium* varía según el tipo de la cepa receptora.

3- El pSim es capaz de transferirse en ausencia del pA a muy baja frecuencia. En la cepa CE-3 la frecuencia de esta transferencia fue de: 3.3×10^{-8}.

4- El pA incrementa la frecuencia de transferencia del pSim de su misma cepa hasta en cien veces.

5- El pA incrementa la frecuencia de transferencia del pSim de una cepa distinta a la de él hasta en diez veces.

GLOSARIO:

AMONIO: (NH_4^+) Compuesto nitrogenado (ion) asimilable por las plantas.

ANTIBIOTICO: Compuestos orgánicos que se forman y excretan de varias especies de microorganismos y de plantas; son tóxicos para otras especies y, pueden tener una función defensiva.

BASES, PAR DE: Dos nucleótidos que se encuentran en cadenas de ácido nucleico diferentes, cuyas bases se aparean por enlaces de hidrógeno (En el DNA: Adenina con Timina (o Uracilo en el RNA) y Guanina con Citocina).

BIOMOLECULA: Compuesto orgánico normalmente presente como un componente esencial de los organismos vivos.

BIOVAR: Dícese del comportamiento simbiótico específico de un grupo de cepas bacterianas en particular.

Bv.: Abreviación de Biovar.

CATABOLISMO: Fase del metabolismo referente a la degradación de las moléculas de los elementos nutritivos con desprendimiento de energía.

CEPA: Raza bacteriana caracterizada por la homogeneidad en su constitución genética, tanto en el cromosoma como en el número y tamaño de sus plásmidos.

CICLO DEL NITROGENO: Ciclo de los diversos compuestos del Nitrógeno presente en la atmósfera y en la geósfera que son asequibles biológicamente por los vegetales, por los animales y por los microorganismos.

CITOPLASMA: Porción del contenido celular fuera del núcleo o del nucleoide.

CLONAS: Los descendientes de una célula.

CODIGO GENETICO: El conjunto de combinaciones de bases del DNA, tomadas en grupos de tres que codifican para los aminoácidos que constituyen a las proteínas.

CODON: Secuencia de tres nucleótidos adyacentes en un ácido nucleico que codifica para un aminoácido específico.

CONJUGACION: Proceso por el que el DNA se transfiere desde una bacteria hacia otra.

CONTRASELECCION: Ausencia de crecimiento de las bacterias debida a la presencia de antibióticos ante los cuales dichas bacterias no presentan resistencia por carecer de la información genética necesaria.

CROMOSOMA: Una molécula grande de DNA donde se almacena y transmite la infomación genética.

DNA (Acido desoxirribonucleico): Polinucelótido que tiene una secuencia específica de unidades de desoxirribonucleótidos y actúa como portador de la información genética.

DONADORA: Bacteria que posee plásmidos que son capaces de transferirse hacia otras bacterias.

Escherichia coli: Bacteria aerobia corriente que se encuentra en el intestino de los vertebrados.

ELECTROFORESIS: Transporte de solutos cargados en respuesta a un campo eléctrico, se emplea con frecuencia para separar mezclas de iones.

ENZIMA: Proteína especializada que cataliza una reacción metabólica específica.

FIJACION BIOLOGICA DEL NITROGENO: Conversión del nitrógeno atmosférico (N_2) en una forma soluble (amonio: NH_4^+), asequible biológicamente por los organismos fijadores de Nitrógeno.

GEN: Segmento del cromosoma que codifica para una proteína.

GENOMA: Todos los genes de un organismo o individuo.

HEMO: Grupo prostético ferro-porfirina de las proteínas hemo.

HOMOLOGIA: Similitud en el orden de las secuencias de bases de dos segmentos de material genético (DNA,RNA).

INCOMPATIBILIDAD: Incapacidad de ciertos plásmidos para coexistir establemente en la misma célula en ausencia de una continua presión de selección (grupos-INC).

INFORMACION GENETICA: Información hereditaria contenida en una secuencia de bases de nucleótidos en un DNA cromosómico o en un RNA.

KILOBASE: Mil pares de bases.

LEGHEMOGLOBINA: Proteína (o enzima) que protege a la enzima Nitrogenasa debido a que es capaz de regular la entrada de Oxígeno al bacteroide, evitando con ello que éste la inactive irreversiblemente. Esta proteína es elaborada conjuntamente por la planta y por la bacteria.

MACROMOLECULA: Molécula que tiene un peso molecular situado en el intervalo de unos millares a muchos millones.

MAPA GENETICO: Diagrama que muestra la secuencia relativa y la posición de los genes específicos a lo largo de una molécula de DNA.

MEDIO SELECTIVO: Medio de cultivo que por poseer determinados antibióticos restringe el crecimiento de las bacterias carentes de la información genética que les da resistencia a los mismos y a la que generalmente se la relaciona con la información genética de interés.

METABOLISMO: Conjunto de reacciones, catalizadas por enzimas de las moléculas orgánicas, de los elementos nutritivos en las células vivas.

MOL: Un peso molecular gramo de un compuesto.

NITROGENASA: Enzima que reduce al nitrógeno atmosférico (N_2) para poder sintetizar Amonio (NH_4^+).

NITROGENO: Elemento que compone el 80% de la atmósfera (N_2) que correctamente denominado es: dinitrógeno.

OPERON: Unidad de expresión genética que se regula coordinadamente.

pA: Plásmido autotransferible (posee los genes **tra-mob**).

PATOGENICO: Causante de enfermedad.

pH: Logaritmo negativo de la concentración de ion hidrógeno de una disolución acuosa.

PILI: O pilin, apéndices bacterianos empleados en la transferencia de genes desde una célula a otra durante la conjugación.

PLASMIDO: Molécula extracromosómica de DNA circular, que se puede replicar de modo independiente al cromosoma.

PROCARIOTES: Organismos unicelulares simples (p.ej: bacterias y algas verde-azules) con un solo cromosoma; no poseen membrana nuclear ni orgánulos con membrana.

PROTEINA: Macromolécula compuesta de una o más cadenas polipeptídicas, cada una de las cuales posee una secuencia característica de aminoácidos.

pSim: Plásmido simbiótico, en el que se encuentra la información genética requerida para la fijación biológica del Nitrógeno (genes **nif-nod**).

RADIACION ULTRAVIOLETA: Radiación electromagnética en la región de 200-400 nanómetros (nm).

RECEPTORA: Bacteria que es capaz de aceptar plásmidos.

RECOMBINACION: Intercambio genético que puede dar origen a nuevas combinaciones.

REPLICACION: Mecanísmo por medio del cual una molécula de DNA es copiada para dar origen a dos moleculas idénticas.

RIBOSOMA: Macromolécula constituída por rRNA y proteínas, de unos 20 nm de diámetro, donde se lleva a cabo la síntesis de las proteínas.

RNA (Acido ribonucleico): Polirribonucleótido ribosomal de secuencia de bases específica unida por enlaces 3', 5'- fosfodiéster sucesivos.

SECUENCIA DE INSERCION (IS): Secuencias de bases invertidas y repetidas que flanquean a los transposones.

TOXINAS: Proteínas que son elaboradas por algunos organismos y que resultan tóxicas para algunas otras especies.

TRANS: Efecto de un determinado DNA sobre otro que no es contiguo. Tal efecto se puede transmitir a través del citoplasma y está generalmente mediado por proteínas.

TRANSCONJUGANTE: Recombinante derivada de la cruza genética entre dos cepas.

TRANSPOSON (Elemento transponible): Segmento de DNA que puede integrarse inespecíficamente en distintos sitios del genoma, en sus extremos posee secuencias de inserción, que generalmente lleva genes de resistencia a los antibióti-cos.

Tn5: Transposón que posee información genética que confiere resistencia a ciertos antibióticos (Km^R y Nm^R).

Tnsac: Transposón que posee información genética que confiere susceptibilidad a sacarosa (Sac^-) y resistencia a ciertos antibióticos (Sp^R, Gm^R).

TRANSPOSICION: Movimiento de un gen o de un conjunto de genes desde un lugar en el genoma a otro dejando una copia.

BIBLIOGRAFIA

1) Bedmar, E.J. and Olivares, J., 1980. Autotransmissible Resident plasmid of *Rhizobium meliloti*. Mol. Gen. Genet. **177**, 329-331.

2) Beynon, J.L., Beringer, J.E. and Johnston, A.W.B., 1980. Plasmids and host-range in *R. leguminosarum*, J. Gen. Microbiol. **120**, 413.

3) Brewin, N.J., Beringer J.E., Buchanan - Wollastron, A.V., Johnston, A. W. B. and Hirsch, P.R., 1980. Transfer of symbiotic genes with bacteriocinogenic plasmids in *Rhizobium leguminosarum*, J. Gen. Microbiol. **116**, 261.

4) Brewin, N.J., De Jong, T.M., Phillips D.A. and Johnston, A.W.B., 1980. Co-transfer of determinants for hydrogenase activity and nodulation ability in *Rhizobium leguminosarum*, Nature **288**, 77-79.

5) Brewin, N.J., Wood, E.A., Johnston, A.W.B., Dibb, N.J. and Hombrecher, G., 1982. Recombinant nodulation plasmids in *Rhizobium leguminosarum*, J. Gen. Microbiol. **128**, 1817-1827.

6) Brockman, F.J. and Bezdicek, D.F., 1989. Diversity with in serogroups of *Rhizobium leguminosarum biovar viceae* in the Palouse Region of Eastern Washington as Indicated by Plasmid Profiles, Intrinsic Antibiotic Resistance and topography, Appl. Environ. Microbiol. **55**, 109-115.

7) Brom, S., 1988. Análisis de plásmidos simbióticos en *Rhizobium phaseoli*, Tesis para obtener el grado de Doctor en Investigación Biomédica Básica. (C.I.F.N.-U.N.A.M., Cuernavaca, Mor.). Pp. 1-60.

8) Brom, S., Martinez, E., Dávila, G. and Palacios R., 1988. Narrow- and Broad- Host-Range Symbiotic Plasmids of "*Rhizobium spp.*" Strains That Nodulate- Phaseolus Vulgaris, Appl. Environ. Microbiol. **54**, 1280-1283.

9) Broughton, W.J., Samrey, U. and Stanley, J., 1987. Ecological genetics of *Rhizobium meliloti* : symbiotic plasmid transfer in the *Medicago sativa* rhizosphere, FEMS Microbiol. Lett. **40**, 251-255.

10) Campbell, A., 1981. Evolutionary significance of accesory DNA elements in bacteria, Ann. Rev. Microbiol. **35**, 55-83.

11) Chen, W.X., Yan, G. H. and Li, J.L., 1988. Numerical taxonomy study of fast-growing rhizobia and a proposal that *Rhizobium fredii* be assigned to *Synorhizobium* gen. nov., Int. J. Syst. Bacteriol. **38**, 392-397.

12) Crow, V.L., Jarvis, B.W.D. and Greenwood, R.M., 1981. Deoxyribonucleic acid homologies among acid-producing strains of *Rhizobium*, Int. J. Syst. Bacteriol. **31**, 152-172.

13) Demezas, D.H., Watson, J.M., Reardon, T.B. and Gibson, A.H., 1988. A molecular approach to *Rhizobium* ecology, in Molecular Genetics of Plant-Microbe Interactions, R. Palacios and D.P.S. Verma (eds). APS Press, Minnesota, U.S.A.

14) Denarie, J., Boistard, P., Case-Delbart, F., Atherly. A.G., Berry, J.O. and Rusell, P., 1981. Indigenous plasmids of *Rhizobium*, Int. Rev. Cytol. Suppl. **13**, 225-246.

15) Eagelsham, R.J.A., 1989. The first photosynthetic *Rhizobium*, Resum. conf. Magist. II Congreso Nacional de la Fijación Biológica del Nitrógeno. Guadalajara, Jal., Jul/ 23-25, pag 4-6.

16) Eckhardt, T., 1978. A rapid method for the identification of plasmid deoxyribonucleic acid in bacteria, Plasmid, 1, 584-588.

17) Gerdes, K., Rasnussen, P.B. and Molin, S, 1985. Unique type of plasmid maintenance functions: postsegregational killing of plasmids free cells. Proc. natl. Acad. Sci. U.S.A. 83, 3116-3112.

18) Glass, Robert E, 1982. Gene function, University of california press, 139-435.

19) Gonzalez, S.V.M., 1990. Distribución y organización de secuencias de plásmidos en *Rhizobium leguminosarum*. Tesis para obtener el grado de Maestría en Investigación Biomédica Básica. (C.I.F.N.-U.N.A.M.,Cuernavaca, Mor.), Pp. 1-100.

20) Graham, P.H., Viter, S.E., Mackie, F., Vargas, A.A.T. and Palacios, A, 1982. Variation in acid soil tolerance among strains of *R. phaseoli*, Field crops. Res. 3, 121-128.

21) Hartl, D., Medhora, M., Green, L. and Dykhuizen, E., 1986. The evolution of DNA sequences in *Escherichia coli*, Phil. Trans. R. Soc. Lond., B 312, 191-204.

22) Highashi, S., 1967. Transfer of clover infectivity of *Rhizobium trifolii* to *Rhizobium phaseoli* as mediated by an episomic factor, J. Gen. Appl. Microb., 13, 391-403.

23) Hirsch, P.R., van Montagu, M., Johnston, A.W.B., Brewin, N.J. and Schell, J., 1980. Physical identification of bacteriocinogenic nodulation and other plasmids in strains of *Rhizobium leguminosarum*, J. Gen. Microbiol., 120, 403-412.

24) Hooykaas, P.J., van Brussel, A.A.N., den Dulk-Ras, H., van Slogtere, G.M.S. and Schilperoort, R.A., 1981. Sym plasmid of *Rhizobium trifolii* expresed in different rhizobial species and *Agrobacterium tumefaciens*, Nature 291, 351-353.

25) Johnston, A.W.B. and Beringer, J.E., 1978. Chromosomal recombination between *Rhizobium* species, Nature 267, 611-612.

26) Johnston, A.W.B., Beynon, J.L., Buchanan-Wollaston, A.V., Setchell, S.M., Hirsch, P.R. and Beringer, J.E., 1978. High frecuency transfer of nodulating ability between strains and species of *Rhizobium*, Nature 276, 634.-636

27) Johnston, A.W.B., Hombrecher, G., Brewin, N.J. and Cooper, M.C., 1982. Two transmissible plasmids in *Rhizobium leguminosarum* strain 300, J. Gen. Microbiol. 128, 85-93.

28) Johnston, A.W.B., Ma, Q.S., Hombrecher, G. and Downie, J.A., 1983. Molecular Genetics of the Bacteria-Plant Interaction. Ed. A. Puhler. Springer Verlag (in press).

29) Jordan, D.C., 1984. Family III. *Rhizobiaceae Conn 1938*, Pp. 234-254. In R. Krieg and J.G. Holt (eds), Bergey's Manual of Systematic Bacteriology. Vol. 1. Williams and Wilkings, Baltimore, U.S.A.

30) Kaluza, K., Fuhrmann, M., Hahn, M., Regensberger, B. and Hennecke, H., 1983. In *Rhizobium japonicum* the nitrogenase genes nif H and nif FXD are separated, J. Bacteriol. 155, 915.

31) Kondorosi, A., Kiss, G.B. and Dusha, I., 1984. Plasmids governing symbiotic nitrogen fixation. Current develops. in Biol. Nitrog. Fix. Sobba-Rau N.S. Ed.Edward Arnold pub. co., London, pp. 135-171.

32) Kondorosi, E., Banfalvi, Z. and Kondorosi, A., 1984. Physics and genetic analysis of a symbiotic region of *Rhizobium meliloti*: identification of nodulation genes, Mol. Gen. Genet. **193**, 445.

33) Kondorosi, E. and Kondorosi, A., 1986. Nodule induction on plant roots by *Rhizobium*. Trends in Biochem. Sci. **11**, 296.

34) Leemans, J., Soberón, G., Cevallos, M.A., Fernández, L., Pardo, M.A., De la Vega, H., Flores, M., Quinto, C and Palacios, R., 1984. General organization of *R. phaseoli* nif plasmids, In Advances In Nitrogen Fixation Research, Vœger & Newton (eds), the neetherlands.

35) Levin, B.R., 1981. Periodic selection, infectious gene exchange and the genetic structure of *Escherichia coli*, Genetics **99**, 1-23.

36) Levin, B.R., 1986. The maintenance of plasmids and transposons in natural populations of bacteria. In Antibiotic Resistance Genes: Ecology, Transfer and Expresion (S.B. Levy and R.P. Novick, eds), pp. 57-70. Cold Spring Harbor Laboratory, New York.

37) Lindstrom, K., 1989. *Rhizobium galegae*, a new species of legume root nodule bacteria, Int. J. Syst, Bacteriol. **39**, 365-367.

38) Martinez, E., 1985. Reiteración de las secuencias de nitrogenasa y especificidad de *Rhizobium* para nodular y fijar nitrógeno en *Phaseolus vulgaris*. Tesis para obtener el grado de Doctor en Investigación Biomédica Básica. (C.I.F.N.-U.N.A.M., Cuernavaca, Mor.), Pp: 1-90.

39) Martinez, E., Palacios, R. and Sanchez, F., 1987. Nitrogen-fixing nodules induced by *Agrobacterium tumefaciens* harboring *Rhizobium phaseoli* plasmids, J. Bacteriol. **169**, 2828-2834.

81

40) **Martinez**, E., Flores, M., Brom, S., Romero, D., Dávila, G. and Palacios, R., 1988. *Rhizobium phaseoli*: a molecular genetics view. Plant Soil 108, 179-184.

41) **Martinez**, E., 1989. El genoma simbiótico de *Rhizobium phaseoli*. II Congreso Nacional de la Fijación Biológica del Nitrógeno. **Guadalajara, Jal**, Julio, del 23 al 25, pp. 10-13.

42) **Martinez**, E., Romero, D. and Palacios, R., 1990. The *Rhizobium* genome. CRC Reviews in Plant Sciences **9**, pp 59-93.

43) **Mercado**, J., Sanjuán, J. and Olivares, J. 1990. Characters link to no-pSym plasmids of *R. meliloti* GR4, **P-105** (Spain) in 5th. Int. Symp. on the Molec. Genet. of Plant-Microbe Interactions. Interlaken, Switzerland.

44) **Mulligan**, J.T. and Long S.R., 1985. Induction of *Rhizobium meliloti* nodC expression by plant exudate requires nodD, Proc. Natl. Acad. Sci. **82**, 6609, USA.

45) **O'Brien**, T.F., del Pinar Pla, M., Mayer, K.H., Kishi, H., Gillrcee, R., Syvanen, M. and Hopkins, D. 1985. Intercontinental spread of a new antibiotic resistance genes on an epidemic plasmid, Science **230**: 87-88.

46) **Piñero**, D., Martinez, E. and Selander, R.K., 1988. Genetic diveresity & relationships among isolates of *R. leguminosarum bv. phaseoli*, Appl. Environ. Microbiol 54: 2825-2832.

47) **Postgate**, John, 1981. Fijación del nitrógeno, cuadernos de biología, ED. OMEGA, 83 pp., España.

48) **Prakash**, R.K., Schilperoort, R.A. and Nuti, M.P., 1981. Large plasmids of fast growing rhizobia: homology studies and localization of structural nitrogen fixation (nif) genes, J. Bacteriol. 145, 1120-1130.

49) Quinto, C., de la Vega, H., Flores, M., Fernández, L., Ballado, T., Soberón, G. and Palacios, R., 1982. Reiteration of nitrogen fixation gene sequences in *Rhizobium phaseoli*, Nature 299, 724-726.

50) Reanney, D.C., 1978. Coupled evolution: adaptative interactions among the genomes of plasmids, viruses and cells. In aspects of Gene Action and Evolution (International Review of Citology, Supplement 8, G.H. Bourne, J.F. Danielli and K.W. Jeon, eds) pp. 1-68. Academic Press, New York.

51) Robert, F.M. and Schmidt, E.L., 1985. Somatic serogroups among 55 strains of *R. phaseoli*, Can. J. Microbiol. 31: 519-523.

52) Robertson, J.G., Wells, B., Brewin, N.J., Wood, E., Knight, C.D. and Downie, J.A., 1985. The legume-*Rhizobium* symbiosis: A cell surface interaction, J. Cell Sci. Suppl. 2, 317.

53) Rosenberg, C. and Huges, T., 1984. The pATC58 plasmid of *A. tumefaciens* is not essential for tumor induction, Mol. Gen. Genet. 196: 533-536.

54) Sánchez, F., Quinto, C., Vazquez, M., Spaink, H.W., Ffelman, C.A., Cevallos, M.A., De las Peñas, A., Campos, F. and Lara, M., 1988. The symbiotic association of *Phaseolus vulgaris* and *Rhizobium leguminosarum* bv. *phaseoli*, Molecular Genetics In Plant-Microbe interactions.(R. Palacios and Verma, eds), APS press.

55) Schetgens, R.M.P., Hontelez, J.G.J., van der Bos, R.C. and van Kammen, A., 1985. Identification and phenotypical characterization of a cluster of *fix* genes, including a *nif* regulatory gene, from *Rhizobium leguminosarum* PRE, Mo. Gen. Genet., 200 368.

56) Schofield, P.R., Gibson, A.H., Dudman, W.F. and Watson, J.M., 1987. Evidence for genetic exchanges and recombination of *Rhizobium* symbiotic plasmids in soil population, Appl. Environ. Microbiol. **53**, 2942-2947.

57) Scott, K.F., 1986. Conserved nodulation genes from the non-legume symbiont *Bradyrhizobium sp* (*Parasponia*) Nucl., Acids. Res. **14**, 2905.

58) Segovia, L., Piñero, D., Palacios, R. and Martinez, E. 1990. Genetic structure of a soli population of non-symbiotic *Rhizobium leguminosarum* isolates. P-98 (México) In 5th. Int. Symp. on the Molec. Genet. of Plant-Microbe Interactions. Interlaken, Switzerland.

59) Simón, R., Priefer, U. and Puhler, A., 1983. Vector plasmids for in vivo & in vitro manipulation of gran-negative bacteria, in Puhler, A. (ed), Molecular genetics of the bacteria-plant interaction. Springer-Verlag, Berlin–Heidelberg, N.Y.

60) Valdés, A.M., 1990. Estimación filogenética de transferencia horizontal de genes en bacterias, Tesis para obtener la Licenciatura en Investigación Biomédica Básica. U.N.A.M.

61) Watanabe, T. 1963. Infective heredity of multiple drug resistance in bacteria. Bacteriol. Rev. **27**, 87.

62) Watson, J.D., 1976. Molecular biology of the gene, 3era. Ed., Benjamon, Calif., USA, pp. 739.

63) Watson, J.M. and Schofield, P.R., 1985. Species-specific, symbiotic plasmid-located repeated DNA sequences in *Rhizobium trifolii*, Mol. Gen. Genet. **199**, 279-289.

64) Woese, C., 1987. *Rhizobium* population genetics: enzyme polymorphism in isolates from peas, clover, beans and lucerne grown at same site, J. Gen. Microbiol. **131**, 2399-2408.

65) **Young, J.P.W.** and Wexler, W., 1988. Sym plasmid and chromosomal genotypes are correlated in field populations of Rhizobium leguminosarum, J. Gen. Microbiol, **134**, 2731-2739.

66) **Zurkowski, W.**, 1981. Conjugational transfer of the nodulation-conferring plasmid pWZ2 in *Rhizobium trifolii*, Mol. Gen. Genet. **181**, 522-524.

APENDICE :

Apéndice # 1 :

b) Medios sólidos de cultivo

1)- Medio PY:

Peptona de caseína:	5 g
Extracto de levadura:	3 g
$CaCl_2$:	0.809 g (ó 1 ml. sol. Stock/100 ml. medio)
Agar:	15 g (en el medio líquido se omite)
H_2O:	1 lt

2)- Medio LB:

Peptona de caseína:	4 g
Extracto de levadura:	5 g
NaCl:	10 g
Agar:	20 g (en el medio líquido se omite)
H_2O:	1 lt

3)- Medio BYLA:

K_2HPO_4:	0.5 g
$MgSO_4$ $(7H_2O)$:	0.1 g
$CaCl_2$:	0.2 g
$FeCl_3(6H_2O)$:	0.05g
Agar:	15 g (en el medio líquido se omite)
H_2O:	1 lt
Extracto de levadura:	3 g
Lactosa:	10 g

Apéndice # 2 :

1)- Solución A de Eckhardt :

Lisozima (75,000 U/ ml.) — 20 mg.

Enzima RNasa (0.30 U/ ml.) — 3.5 μl.

Azul de bromofenol en TB 0.05 % — 5 mg.

Ficoll (400,000 U.) 20 % — 2 g.

Nota : La RNasa se disuelve en buffer acetato sodio (pH 4.0) 0.4 M a una concentración de 10 mg/ ml. Se calienta por dos minutos a 98 grados centígrados antes de diluírla con el resto de la mezcla (RNasa — 1 mg/ 100 μl de buffer acetatos). El ficoll se disuelve en 8 ml. de Tb/1x (ver "Apéndice # 3"), luego se agrega la lisozima y la RNasa y por último el colorante. Se separa en alícuotas de 450 μl. Guardar a -20 grados centígrados. Acetato de sodio 0.4 M; Pm: 136.085. 5.4 g/100 ml. ; ajustar el pH a 4.0.

2)- Solución B de Eckhardt :

SDS (Dodecil Sulfato de Sodio) — 0.2 % en TB.

Ficoll 400,000 U. — 10 %.

3)- Solución C de Eckhardt :

SDS (Dodecil Sulfato de Sodio) — 0.2 % en TB.

Ficoll 400,000 U. — 5 %.

Apéndice # 3 :

Soluciones diversas usadas en este trabajo :

1)- TWEEN :

100 ml. de $MgSO_4$ 10 mM (milimolar) x tween 0.01 %.

peso molecular : $MgSO_4$: 246.5

10 mM — 2.46 g/lt; en 100 ml. es 0.246 g. de $MgSO_4$ y de tween : 10 μl (0.01 ml).

2)- SARCOSYL :

0.1 % (0.05 g. en 50 ml.) en TE 50/20.

3)- TE 50/20 (pH 8) :

- Solución stock Tris 1 M, pH 8 (Pm: 121.14) — 30.28 g/250 ml. de agua, ajustar a pH 8 con HCl y filtrar por medio de millipore.

- Solución stock EDTA 0.25 M (PM 336.2 + 2 H_2O = 372.2) — 23.35 g/250 ml. H_2O, ajustar a pH 8 con NaOH y filtrar por millipore.

Tris 1M — 25 ml. (50 mM)

EDTA 0.25 M — 40 ml. (20 mM)

Aforar esto a 500 ml. y esterilizar.

4)- TRIS BORATOS (Tb) (pH 8.2) :

Tris — 89 mM,

EDTA (sal sódica) — 2.5 mM,

Ac. Bórico — 89 mM.

5).- Tb 5x (pH 8.1) :

Tris base — 216 g,

Ac. Bórico — 110 g,

EDTA 0.5 M — 80 ml.

Preparación del EDTA 0.5 M: 93.05g para 500 ml.(ajustar a un pH de 8.1 con sosa).

Nota: Para el Tb 1x, se diluye a 1/5 el Tb 5x en agua bidestilada.

Otras bacterias fijadoras de Nitrógeno

	Género o tipo	Especies (únicamente ejemplares)
ANAEROBIOS ESTRICTOS	Clostridium	C. pasteurianum*, C. butyricum
	Desulfovibrio	D. vulgaris, D. desulfuricans
	Desulfotomaculum	D. ruminis*
	(Bacterias productoras de metano)	véase el texto
FACULTATIVOS (aerobios cuando no fijan nitrógeno)	Klebsiella	K. pneumoniae, K. oxytoca,
	Bacillus	B. polymyxa, B. macerans
	Enterobacter	E. agglomerans
	Citrobacter	C. freundii
	Escherichia	E. intermedia
	Propionibacterium	P. shermanii, P. petersonii
MICROAERÓFILOS (aerobios normales cuando no fijan nitrógeno)	'Mycobacterium'	M. flavum*, M. roseo-album*
	Thiobacillus	T. ferro-oxidans
	Spirillum	S. lipoferum*
	Aquaspirillum	A. perigrinum*, A. fascicilus*
	Methanosinus	
	'Cowpea rhizobia'	
AEROBIOS	Azotobacter	A. chroococcum*, A. vinelandii*
	Azotococcus	A. agilis*
	Azomonas	A. macrocytogenes*
	Beijerinckia	B. indica*, B. fluminis*
	Derxia	D. gummosa*
FOTÓTROFOS (anaerobios)	Chromatium	C. vinosum
	Chlorobium	C. limicola
	Thiopedia	
	Ectothiospira	E. shapovnikovii
FOTÓTROFOS (facultativos)	Rhodospirillum	R. rubrum
	Rhodopseudomonas	R. palustris
FOTÓTROFOS (microaerófilos)	Plectonema	P. boryanum
	Lyngbya	L. aestuarii
	Oscillatoria	
	Spirulina	
FOTÓTROFOS (aerobios)	Anabena	A. cylindrica, A. inaequalis
	Nostoc	N. muscorum
	Calothrix	
	(7 géneros más de algas cianoficeas con heterocistos)	
	Gloeocapsa	G. alpicola

* Significa que todas las cepas de las especies acerca de las que se informa fijan el nitrógeno.

Fig. 27. *Nota:* Dentro de "bacterias facultativas" se podrían agregar:

Rhodopseudomonas: - Rps. sphaeroides, - Rps. capsulata, -

Rps. viridis, - Rps. gelatinosa; Rhodospirillum : - R. tenue;

Rhodomicrobium; Alcaligenes (37,46).

DISTANCIA GENETICA

Relación genética entre
46 cepas de _Rhizobium
leguminosarum_ biovar
phaseoli.

Relación basada en las
variaciones alélicas
de 15 locus enzimáticos
detectados por
electroforesis (42).

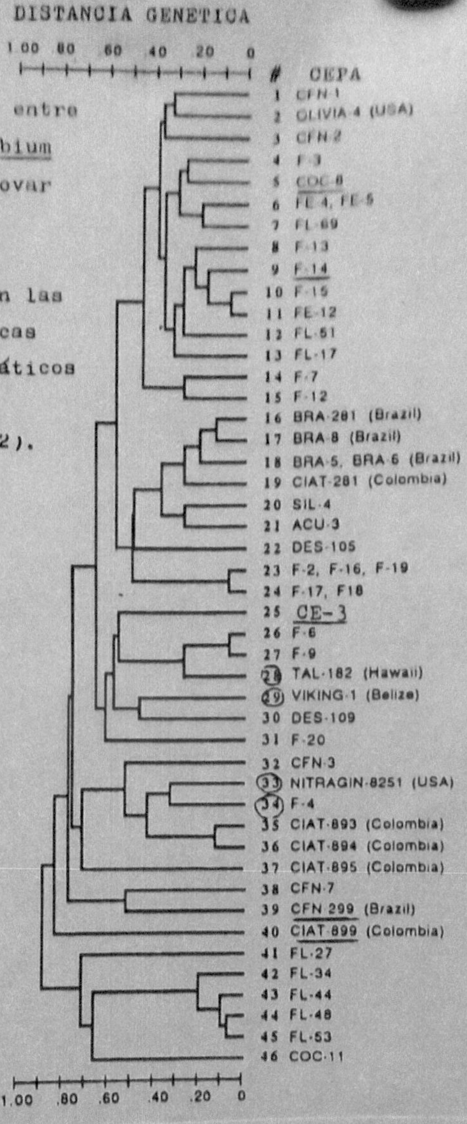

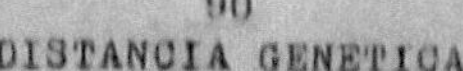

Fig. 28. Se observan 9 de las 19 cepas usadas en este trabajo. Es interesante notar que a las cepas que no se les pudieron detectar PA, se encuentran muy próximas genéticamente (encerradas en círculo).

PERFILES DE PLASMIDOS DE LAS CEPAS UTILIZADAS:

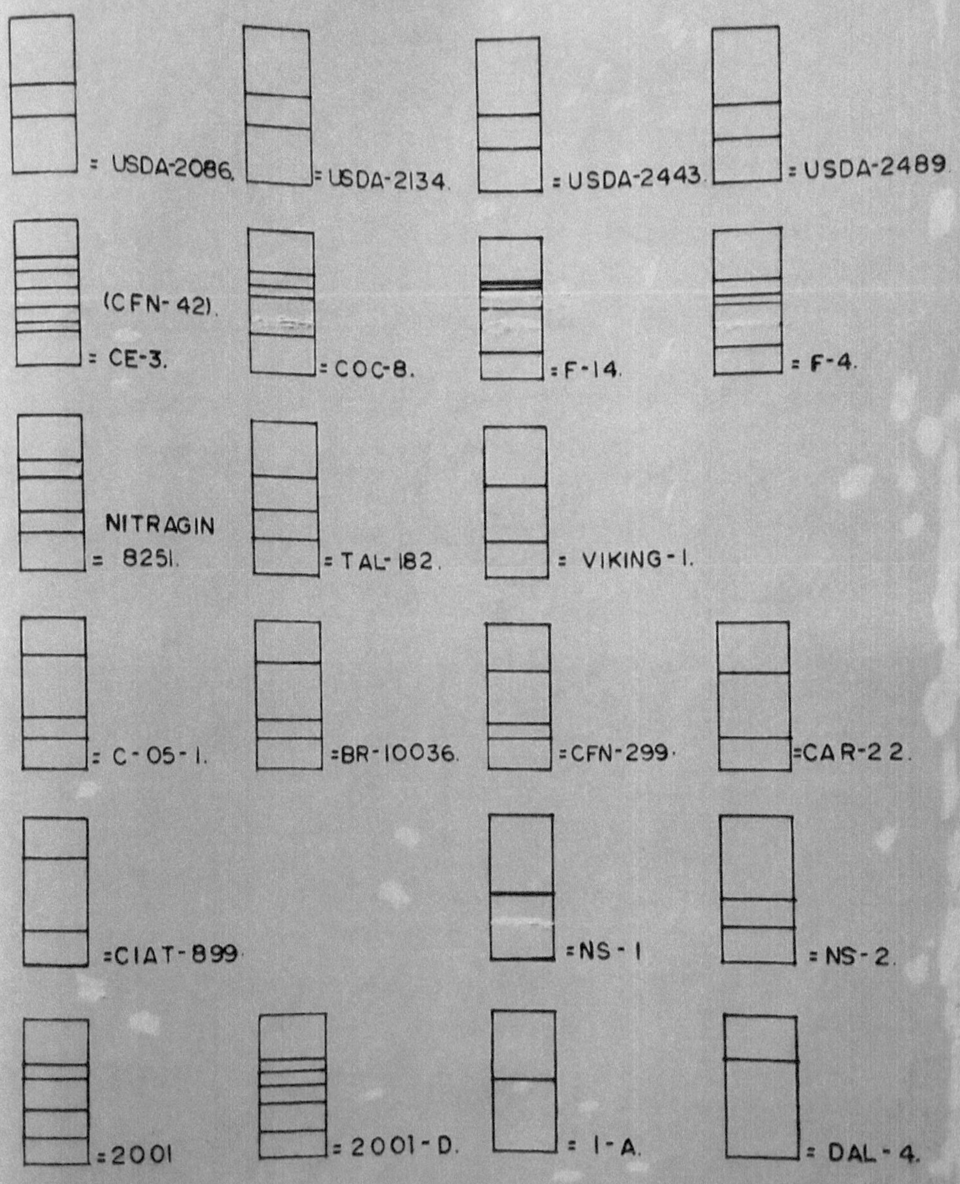

Figura 29.

92

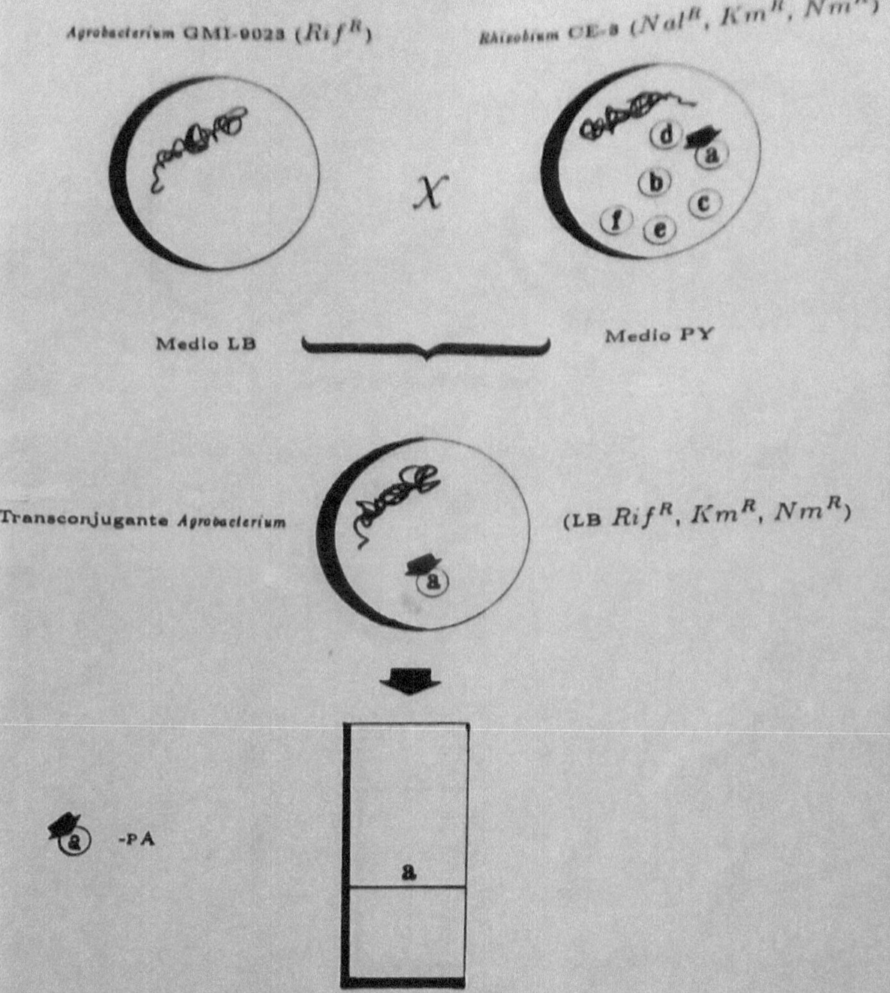

Frecuencia de transferencia del PA: 7×10^{-4}

Figura 30.

Agrobacterium
GMI-9023 (Rif^R)
Rhizobium CFN-2001/pD
($CE - 3^{-pA}$) (Sp^R, Gm^R)
X
Medio LB
Medio PY
Transconjugante Agrobacterium
(LB Rif^R, Sp^R, Gm^R)
-PSIM
Frecuencia de transferencia del PSIM sin PA: 3.3×10^{-8}

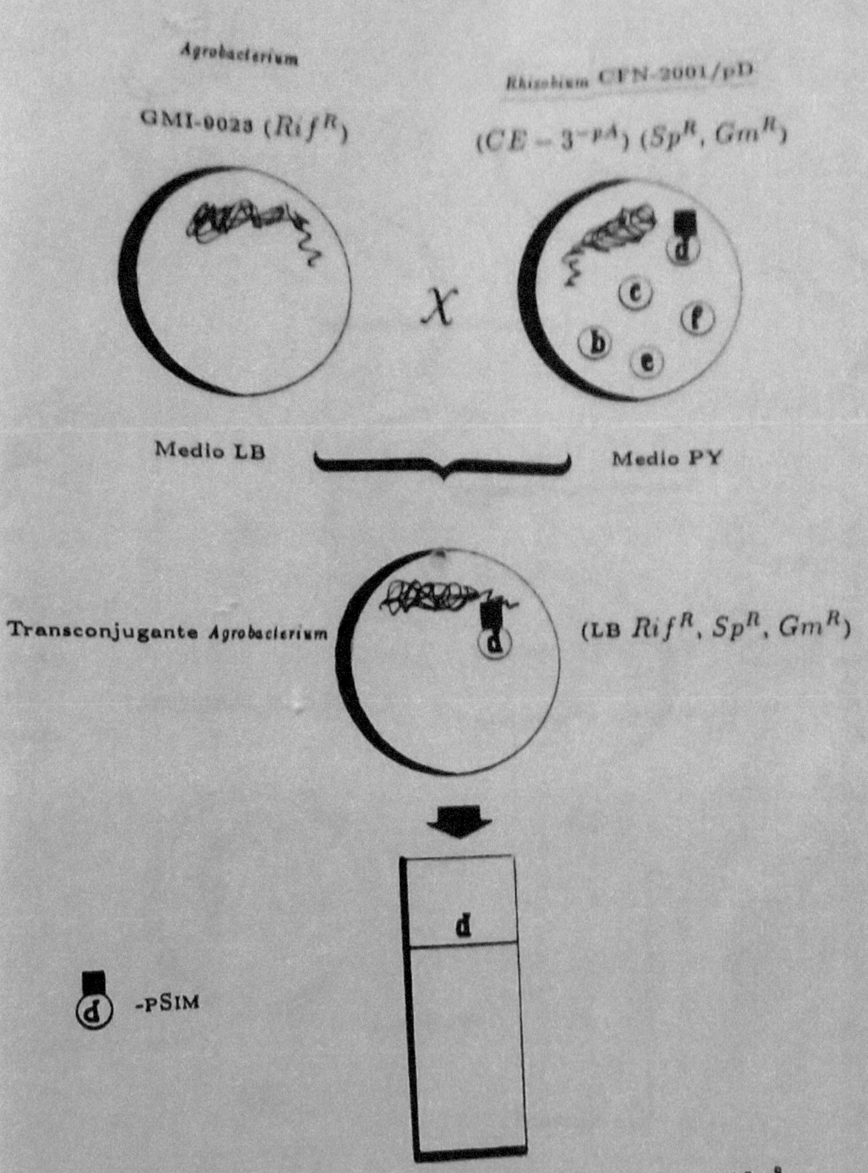

Figura 31.

Apéndice # 7

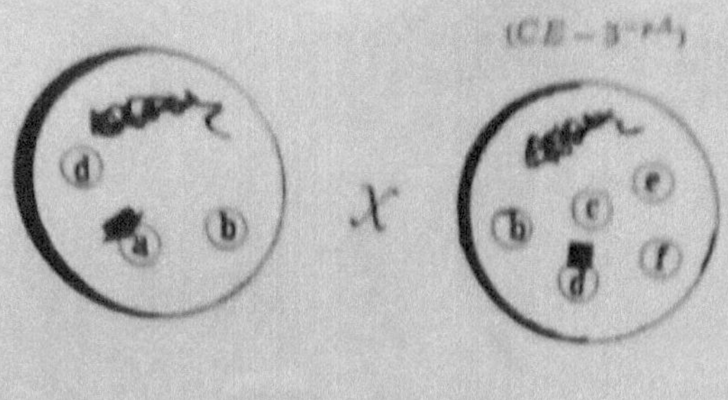

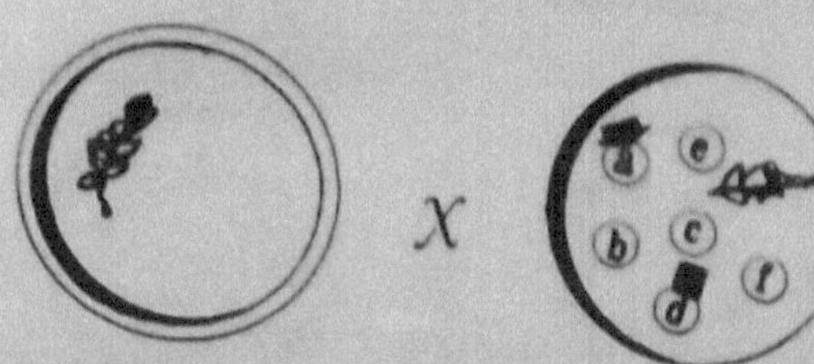

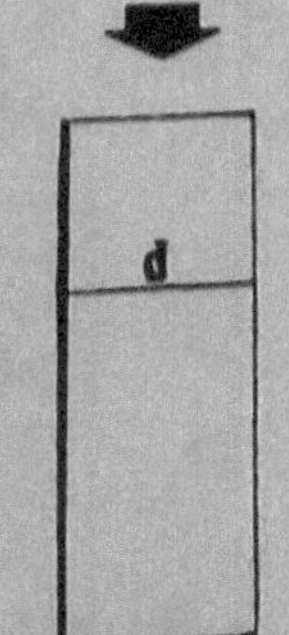

Frecuencia de transferencia del PSIM con otro PA: 3.33 × 10^{-7}

Figura 32.

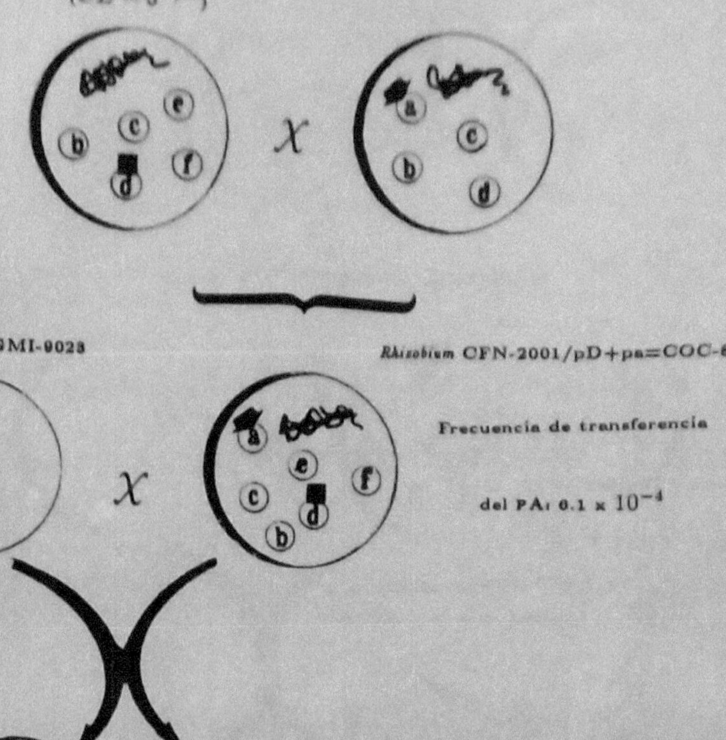

Frecuencia de transferencia del PSIM con otro PA: 2.21 x 10^{-7}

Figura 33.

Rhizobium CE-3
(Nal^R, Km^R, Nm^R)
Rhizobium CFN-2001/pD
$(CE - 3^{-pA}) (Sp^R, Gm^R)$
Medio PY
Medio PY
Agrobacterium
GMI-9023 (Rif^R)
Transconjugante
Rhizobium
CFN-2001/pD+pA=CE-3
(Sp^R, Gm^R, Nm^R)
Medio LB
Frecuencia de transferencia del PA: 7.1 x 10^{-2}
Transconjugante
Agrobacterium
(Rif^R, Sp^R, Gm^R)
Medio LB
a + d
d
-pSIM
-PA
- Cointegrado
pSIM + PA
Frecuencia de transferencia del PSIM con su PA: 1.27 x 10^{-6}

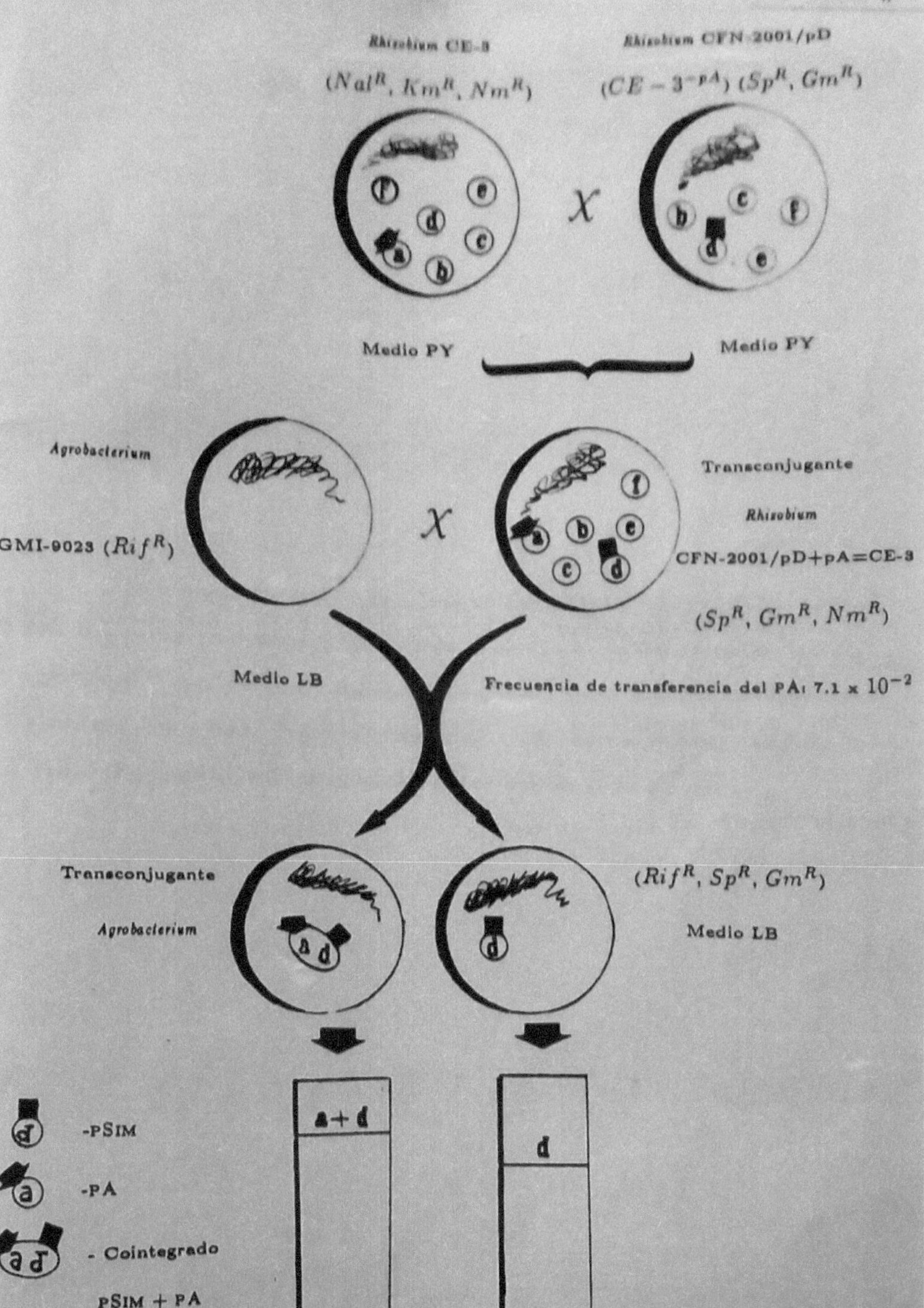

Figura 34.

Aún se sigue aprendiendo a leer en estos libros tan pequeños como son los genes bacterianos, pero más adelante se sabrá como aplicar la información que de ellos estamos obteniendo. Pero más importante que todo esto es querer leer y entender el Libro de los libros, el Libro de la Vida: la Palabra de Dios que vive y permanece para siempre.

Jeremías 9:23-24 :

Así dijo Jehová (el Dios eterno y fiel): "No se alabe (no se enorgullezca) el sabio en su sabiduría (la habilidad para aplicar el conocimiento), ni en su valentía (la determinación y fortaleza física) se alabe el valiente, ni el rico se alabe en sus riquezas (la buena administración de las posesiones materiales)".

"Mas alábese (sientase orgulloso) en esto el que se hubiere de alabar: en entenderme y conocerme (en ser razonable y perspicaz para captar la Palabra de Dios) que yo soy Jehová que hago (que doy) misericordia (la bondad amorosa para perdonar los castigos merecidos), juicio (razones verdaderas) y justicia (la habilidad para estar ante Dios sin ningún sentido de pecado, culpa o autocondenación) en la tierra, porque estas cosas quiero", dice Jehová.

1 Corintios 3:18-19a, 20b-21a; y 8:1b-2

Nadie se engañe a sí mismo; si alguno cree ser sabio entre vosotros en este mundo, hágase ignorante, para que entonces llegue a ser sabio. Porque la sabiduría de este mundo es necedad para Dios.

El Señor (Dios el eterno) conoce los razonamientos de los sabios, que son vanos. Así que nadie se gloríe (se enorgullezca) en los hombres.

El conocimiento envanece pero el amor (Ágape= el amor de Dios en el corazón de nuestras mentes renovadas y en manifestación) edifica.

Y si alguno se imagina que sabe algo, aún no sabe nada como debe saberlo.

S.A. de C.V.
TESIS PROFESIONALES
TESINAS • MEMORIAS • INFORMES
8 DE JULIO No. 13
(ENTRE P. MORENO Y MORELOS)
TELS. 14-01-22 y 13-61-42
GUADALAJARA, JAL.
PASAMOS SU TESIS EN MAQUINA IBM
USAMOS EQUIPOS XEROX Y OFFSET
• TRANSCRIPCION
• PROCESO IBM
• REVISION DE FORMATO
• PREPARACION DE INDICE
• IMPRESION PROFESIONAL
• EMPASTADO
HELIOGRAFICAS
• COPIAS BOND
• PAPELERIA PARA SU EMPRESA
• REDUCCIONES
• AMPLIFICACIONES

www.ingramcontent.com/pod-product-compliance
Lightning Source LLC
Chambersburg PA
CBHW031308250726

48656CB00005B/1700